JN103338

ALOHA
を味わう
ローカルレシピ
64

しあわせ
ハワイごはん

エバユリ

はじめに

　東京下町の商店街で生まれ育った私が、アメリカ人の夫との結婚を機にハワイに移り住んだのが今から20年前。結婚生活、友人作り、ご近所さんとの交流……新しい土地ではすべて一からはじめなくてはなりませんでした。しかも私は当初英語が話せなかったので、言葉の壁や文化の違いもあり、最初は本当に戸惑うこともたくさんありました。

　そんな壁を乗り越えられたのは料理のおかげだったかもしれません。

　私は「大切な人と囲む食卓」が人生には大切だと考えています。家族や仲間たちとおいしい料理を笑顔で囲む時間は、とても幸せな気持ちになりますし、ひいては心の栄養になると思っています。家に帰ればみんなでおいしいごはんと笑顔で食卓を囲める、安心できる場所が家にはある、ということを家族には感じていてほしい。私の両親がそうしてくれたように、その思いを込めてこれまでも、そして今もハワイで毎日料理を作り続けています。

　私も夫も、ハワイには自分の家族がいません。ですがハワイに移住し、20年もの間この土地で暮らしてこられたのは、いろいろな面でハワイが心地よい場所だからというのもあると思います。

　「ALOHA（アロハ）」という言葉は、きっといちばんよく知られているハワイ語ではないでしょうか。この言葉には意味があり、ハワイの人たちが大切にしている5つの言葉の頭文字を取っているといわれています。

Akahai	アカハイ	思いやりの心
Lōkahi	ロカヒ	調和
ʻOluʻolu	オルオル	心地よさ
Haʻahaʻa	ハアハア	謙虚
Ahonui	アホヌイ	忍耐

　ハワイに行くとあたたかく歓迎される、と多くの人が感じるのは、このアロハ・スピリットがあるからだと思います。ハワイの伝統文化を大切にしながら、新しい文化を取り入れて新たな文化を生み出してきたハワイ。移住して暮らしはじめた私が、あたたかく迎え入れてもらえたと感じたのも、やはりアロハ・スピリットのおかげだと思います。そんなハワイでは、みんなが食べている日々のごはんにも、やはりアロハ・スピリットが宿っているように感じるのです。この本では、そんなアロハを感じるごはんや私がいつも家で作っているレシピたちを紹介しました。この本を通して、あたたかいアロハとハワイの風が届いて、みなさんの食卓に笑顔が生まれますように。

Contents

ハワイのごはんって？

「ハワイのごはん」と聞いて思い浮かべるのはどんな料理でしょうか？ 朝ごはんに食べるクリームたっぷりのパンケーキや卵の黄身がとろ〜り流れるエッグベネディクト、大きなステーキにガーリック・シュリンプ……などを最初に想像する人が多いかもしれません。それらの旅行のガイドブックに載っているような料理はもちろんハワイグルメの一面ではあるのですが、実はあくまでごく一部なのです。

ハワイの歴史は、およそ1500年前、南太平洋マルケサス諸島のポリネシア人が、無人島だったハワイ諸島にやってきたことからはじまったといわれています[※]。それらの人たちは畑を作り、タロイモを栽培し、豊かな社会を形成しました。地面を掘って熱い石を敷き、いもや果実などを蒸し焼きにして食べていたようで、10ページで紹介したカルアピッグは、元来この調理法で作られていた料理です。生魚を小さく切り分けて塩などで味つけして食べるポケ（56ページ）も、古くから食べられていた料理のひとつ。さらに18世紀になると西洋との接触が生まれ、これまでハワイにはなかった数々の食材が島に持ち込まれ、古来のハワイの食文化と融合していきます。

19世紀には砂糖のプランテーションの労働力として多くの日本人がハワイへ渡り、ハワイに日系人社会が形成されました。さらに、日本以外にも中国やフィリピン、韓国、ポルトガルなど、さまざまな国から移民がハワイに渡ってきました。日系移民同様に、各国の移民たちは独自のコミュニティを形成し、それぞれの食文化を持ち込み守り、そして進化させてきました。

現在ハワイで親しまれている「プレートランチ」は、日本の食文化である「弁当」の影響があったともいわれ、多国籍かつ多種類の料理をひとつのプレートに盛る文化は、各国の移民労働者たちがおかずを持ち寄って交換したのがはじまりともいわれています。伝統的な料理の多くも、西洋や東洋の文化と結びついて新しいハワイの味となり、現代のハワイの人々にも浸透しています。たとえばスパイシー・アヒポケは、伝統のポケに新しい調味料であるマヨネーズやチリソースで味つけしたものですが、今ではハワイを代表する味として多くの人に親しまれるようになりました。

現在ローカルの人たちが日々食べている「ハワイごはん」は、先住ハワイアンの古くから伝わる文化と、さまざまな国からハワイに移り住んだ人々の風習や食習慣などが共存して融合し、根づいたもの。その文化的な多彩さが、ハワイごはんの魅力のひとつではないかと思います。

［※］諸説あります。

ⓐタロイモをすりつぶしてペースト状にした「ポイ」は古代ハワイアンたちの主食。伝統的な道具で作っているところ。Photo: Hawaii Tourism Authority (HTA) / Brooke Dombroski / @brooklynhawaii
ⓑ地面を掘って熱い石を敷いたかまどは「イム」と呼ばれます。豚の丸焼きを準備している男性。Photo: Hawaii Tourism Authority (HTA) / Mark Kushimi
ⓒハワイ伝統料理のプレート。左上から時計回りにポイ、肉や魚を葉で包んで蒸したラウラウ、ロミロミ・サーモン、スイートポテト、カルアピッグ。Photo: Hawaii Tourism Authority (HTA) / Mark Kushimi
ⓓⓔハワイごはんに欠かせないプレートランチは、日系人をはじめ各国からの移民の文化の影響を大きく受けています。

この本の使い方 & 調理の基本

分量について

・大さじは15ml、小さじは5mlです。
・生姜1片は10g、にんにく1片は5〜10gが目安です。

食材・調味料について

・ハワイで使われている青ねぎは、日本の万能ねぎに似ています。日本では万能ねぎや九条ねぎなどを好みで使ってください。
・ハワイのご飯はカリフォルニア米（中粒米）を使用しています。日本では日本米（短粒米）で代用可能です。
・バターは特に指定がない場合は有塩を使用しています。もし無塩を使う場合は塩を多めにして調整してください。
・ビーフコンソメは韓国の「ダシダ」を使っていますが、手に入りやすいブランドのものを使ってください。
・小麦粉は薄力粉を使ってください。（ハワイではCake Flour［ケーキ用小麦粉］を使用）
・こしょうは黒こしょうなど指定がある場合以外は、好みのものを使ってください。
・油は指定がない場合はサラダ油を使用し、オリーブオイル、ごま油など指定がある場合はその種類を使ってください。
・ハワイで売られているマヨネーズは日本のものと風味が違いますが、本書のレシピは日本のマヨネーズを使って調整してあります。
・パクチー、青ねぎなど好みの分量でよい場合は適量、好みで使わなくてもよい場合は適宜としています。
・ふりかけを使うレシピでは「のりたま」を使っていますが、好みの味で代用可能です。

容量や時間などについて

・オーブンでの火入れ時間はオーブンの種類によって違ってくるので、あくまでも目安としていただき、様子をみながら加熱してください。
・容器は使用したものの大きさを記載しています。容量の目安としてください。
・完成した料理の写真は、材料欄の分量より多い、または少ない量で作っている場合があります。

CHAPTER 1

Hawaiian Local Food Recipe Book

メインのおかず

カルアピッグ  ハワイ伝統料理

Kalua Pig

「Kalua」とはハワイ語で「蒸し焼き」。とても身近なハワイの伝統料理です。
ほろほろとやわらかい豚肉は、そのまま食べるのはもちろん、
幅広くアレンジもできます。

材料_2人分

豚肩ロースブロック…650g
塩…小さじ1½
黒こしょう…小さじ½
水…100ml
キャベツ（ざく切り）…2枚

青ねぎ（小口切り）…適宜

作り方

❶ 豚肉に塩と黒こしょうをまぶして1時間ほどおく。

❷ ①と水を耐熱容器に入れるⓐ。ここではパウンドケーキ型を使用。水の量は肉の下部⅓がつかる程度を目安に、容器に合わせて増減する。

❸ アルミホイルを2枚重ねてふたをしⓑ、160℃に予熱したオーブンで2時間半焼く。フォークで割いてみて、もしすっと割けなければさらに30分焼く。

❹ 豚肉を耐熱容器から取り出し、フォークを2本使って全体を細かくほぐしながら脂やスジなどを取りのぞくⓒ。

❺ ザルにキッチンペーパーを敷いて容器に残った汁を漉し、余分な脂やあくを取りのぞく。

❻ ④に⑤をかけてなじませるⓓ。作り置きする場合はこの状態で。すぐに食べる場合は、ここにキャベツを入れ、鍋やフライパンなどでキャベツがしんなりする程度まであたためる。

❼ 好みで青ねぎを添える。

memo

手順①で肉を半分にカットすると、火の通りがさらによくなります。オーブンで作るほか、マルチクッカー（P.39）を使うともっと短時間で作れます（圧力調理75分）。我が家ではスロークッカー（P.39）も活用しています（調理時間約4時間。肉の大きさによって増減）。

ⓐ  ⓑ  ⓒ  ⓓ

カルアピッグ・タコライス

Kalua Pig Taco Rice

タコライスのひき肉をカルアピッグにすると食べごたえUP!
トルティーヤチップスのサクサク食感が楽しいアクセントです。

材料 _2人分

ご飯… 茶わん2杯分
カルアピッグ（P.11参照）… 適量

レタス（一口大にちぎる）… 適量
紫キャベツ（せん切り）… 適量
　　＊普通のキャベツでも可
トマト（くし切り）… 適量
細切りチーズ… 適量
トルティーヤチップス… 適量
パクチーソース（P.17参照）… 適量

パクチー（ざく切り）… 適宜

作り方

❶ 皿にご飯を盛り、レタスとキャベツをのせる。

❷ 軽くあたためたカルアピッグをのせⓐ、細切りチーズをかける。

❸ トマトをのせてパクチーソースをかけ、トルティーヤチップスを砕いて全体にふりかけるⓑ。

❹ 好みでパクチーを添える。

memo

タコライスも、右ページのナチョスも、材料の分量は好みで増減してください。お肉たっぷり、野菜たっぷりなど、お好みでどうぞ。

ⓐ

ⓑ

ⓐ

ⓑ

カルアピッグ・ナチョス

Kalua Pig Nachos

カルアピッグをナチョスのトッピングに。
簡単で見た目も華やかなので、おもてなしやパーティーにもぴったり。

材料_2人分

カルアピッグ（P.11参照）… 適量
トルティーヤチップス… 適量

細切りチーズ… 適量
トマト（1cm角切り）… 適量
玉ねぎ（みじん切り）… 適量
パクチーソース（P.17参照）… 適量

ライム（くし切り）… 適宜
パクチー（ざく切り）… 適宜

作り方

❶ 耐熱容器にトルティーヤチップスを入れ、細切り
チーズをのせる。

❷ オーブントースターでチーズが溶けるまで加熱するⓐ。

❸ トマト、玉ねぎ、軽くあたためたカルアピッグをのせ
ⓑ、パクチーソースをかける。

❹ 好みでライムを添え、パクチーを飾る。

memo

カルアピッグのほか、ハワイアンスタイル・ステーキ（P.40）を小
さめに刻んでのせてもおいしくできます。

ロコモコ お店ごはん

Loco Moco

ハワイのロコモコはブラウン・グレイビーソースなしには語れません！
ハンバーグは肉の食感を楽しむシンプル仕上げ。
本場のスタイルをぜひ味わってください。

材料＿2人分

A 牛ひき肉(またはあいびき肉)…300g
  塩…小さじ½
  こしょう…小さじ¼
  玉ねぎ(すりおろす)…中¼個

卵…L玉2個
ご飯…茶わん2杯分

＜ブラウン・グレイビーソース＞
バター…20g
薄力粉…大さじ1
水…180ml
顆粒ビーフコンソメ…小さじ1
しょうゆ…小さじ½
黒こしょう…小さじ¼

ハワイアン・マカロニサラダ
  (P.62参照)…適宜

作り方

❶ ボウルに **A** を入れ、なめらかになるまでこねる。

❷ ①を2等分して、厚さ1.5cmほどの楕円(または丸)に成形する。

❸ フライパンに油(分量外)を熱し、中火でふたをせずに片面3分ずつ、両面を焼く。焼きあがったら皿などに取り、アルミホイルをかけてやすませる@。

❹ 別の鍋を弱めの中火にかけてバターを溶かし、薄力粉を入れて炒める。

❺ 濃いめのきつね色になったら弱火にし、分量の水のうち大さじ2ほどを入れて手早く混ぜる。なめらかになったら、ふたたび水大さじ2を入れて混ぜるを5回ほどくり返す。液状になってきたら残りの水を入れてよく混ぜ、沸騰させる⑥。

❻ ③のハンバーグの下にたまった肉汁ⓒとビーフコンソメ、黒こしょう、しょうゆを加え混ぜる。

❼ 別のフライパンで卵を好みの焼き加減で焼き、目玉焼きを作る。

❽ 皿にご飯を盛って③のハンバーグをのせ、⑥のソースをかける。さらに⑦の目玉焼きをのせる。好みでハワイアン・マカロニサラダなどを添える。

memo
グレイビーソースは水を一気に入れるとダマになりやすいので、少量ずつ注いで手早く混ぜる、をくり返してください。もしダマになってしまったらザルで漉します。とろみが足りなければ水溶き片栗粉を加えてください。ソースは冷めると固まりますが、あたためれば元に戻ります。

ⓐ
ⓑ
ⓒ

カルアピッグ・ロコモコ
Kalua Pig Loco Moco

ロコモコをハンバーグではなくカルアピッグで作る、ハワイをぎゅっと凝縮した一品です。
グレイビーソースはカルアピッグの肉汁が隠し味。

材料_2人分

カルアピッグ (P.11参照) … 50g
卵 … L玉2個
ご飯 … 茶わん2杯分

＜ブラウン・グレイビーソース＞
バター … 20g
薄力粉 … 大さじ1
水 … 180ml
カルアピッグの肉汁 … 大さじ2
顆粒コンソメ … 小さじ1
しょうゆ … 小さじ½
黒こしょう … 小さじ¼

青ねぎ (小口切り) … 適量

作り方

❶ 11ページの要領でカルアピッグを作る。手順⑥で肉汁をすべて肉にかけず、大さじ2だけよけておく。

❷ 15ページの手順④〜⑥の要領で、グレイビーソースを作る。ハンバーグから出た肉汁の代わりにカルアピッグの肉汁を加える⒜。

❸ フライパンを熱して卵を好みの焼き加減で焼き、目玉焼きを作る。

❹ 皿にご飯を盛り、あたためたカルアピッグをのせて②をかける。③の目玉焼きをのせ、青ねぎを添える。

memo

カルアピッグの肉汁がない場合は、水大さじ2、顆粒ビーフコンソメ小さじ¼で作ってください。
コンソメではなく顆粒和風だしを使うと、和風テイストのグレイビーソースになります。好みでチリソースなどをかけてピリ辛味にしても◎。

sauce *recipe*

パクチーソース
Creamy Cilantro Sauce

移民の多いハワイではメキシコ料理もとても身近。
タコスやナチョスなどにとても合うソースです。

材料 _ 作りやすい分量

玉ねぎ… 中¼個

パクチー（根を除き、葉と茎をざく切り）… 25g

ハラペーニョ… 20g ＊ピーマン¼個＋青唐辛子⅓本で代用可

オリーブオイル… 大さじ1

ギリシャヨーグルト（プレーン）… 70g
　＊水切りしたプレーンヨーグルトで代用可

ライム汁… 大さじ1 ＊レモン汁で代用可

塩… 小さじ½

クミンパウダー… 小さじ½

黒こしょう… 小さじ¼

作り方

❶ ハラペーニョの種とわたを取りのぞく。

❷ すべての材料をフードプロセッサーに入れ⒜、なめらかになるまで回す⒝。

❸ 冷蔵庫に1時間ほど入れ、味をなじませる。冷蔵庫で1週間ほど保存可能。

memo
　トルティーヤチップスや野菜スティックなどにディップソースとして。さらに焼いた肉や魚にかければハワイローカルに愛されるメキシコ料理風に仕上がります。
　辛いものが苦手な人は、ハラペーニョは入れなくてもかまいません。

ポーク・アドボ  おうちごはん

Pork Adobo

アドボは肉などを煮込んだフィリピンの代表的な家庭料理。
ハワイではプレートランチのおかずや、学校の給食メニューとしても親しまれています。

材料_2人分

豚肩ロースブロック肉 または ももブロック肉
　（3㎝角切り）… 450g
玉ねぎ（粗みじん切り）… 中½個
にんにく（みじん切り）… 2片
油… 小さじ1

Ⓐ 水… 150ml
　しょうゆ… 大さじ2½
　りんご酢（または好みの酢）… 大さじ2
　砂糖… 小さじ1
　黒こしょう… 小さじ¼
　ベイリーフ… 2枚
　　＊ローリエで代用可

青ねぎ（小口切り）… 適宜
ご飯… 適量

作り方

❶ 鍋（またはフライパン）に油を入れて中火にかけ、玉ねぎとにんにくを炒める⒜。

❷ 玉ねぎがきつね色になったら豚肉を加え、表面に焼き色をつける⒝。

❸ Ⓐ を加えてふたをする。ときおりかき混ぜながら豚肉がやわらくなるまでとろ火で30分ほど煮込む⒞。

❹ ご飯と一緒に器に盛り、好みで青ねぎを添える。

memo
豚肉の代わりに鶏肉を使ったり、ゆで卵を一緒に煮込んだりするのもおススメです。酢は好みで増やしても◎。

ⓐ

ⓑ

ⓒ

ミート・ジョン  お店ごはん

Meat Jun

ジョンとは食材に粉と卵をからめて焼く韓国料理。
ハワイの人もコリアンフードは大好き！ カルビやBBQチキンと並んで人気なのがこちらです。
我が家ではこれを作ると家族から歓声があがります。

材料 _2人分

豚バラ肉スライス
   （厚さ4mm程度 / 生姜焼き用）… 150g
塩… 小さじ¼
こしょう… 少々
卵… L玉1個
薄力粉… 大さじ1
油… 大さじ2

＜つけだれ＞
ポン酢しょうゆ… 大さじ2

A コチュジャン… 小さじ½
   蜂蜜… 小さじ2
   にんにく（すりおろす）… ⅓片

B 青ねぎ（小口切り）… 10g
   白ごま… 大さじ1
   ごま油… 小さじ1
   レモン汁… 小さじ½

糸唐辛子… 適宜
白いりごま… 適宜
青ねぎ（小口切り）… 適宜

キャベツ（せん切り）… 適宜
レタス… 適宜

作り方

❶ 小さめのボウルにまず **A** を入れて混ぜあわせる。さらにポン酢を入れ、そのあと **B** を入れて混ぜる。

❷ 豚バラ肉の全体に塩、こしょうをふり、薄力粉をまぶすⓐ。粉が肉になじんで白っぽさが消えるまで、5分ほどおく。

❸ バットなどに卵を割り入れて溶きほぐす。

❹ フライパンに中火で油を熱する。

❺ ②を③にくぐらせⓑ、片面1〜2分ずつ両面を焼くⓒ。何度かに分けて焼く場合は、その都度油を足す。

❻ ⑤を食べやすい大きさに切って盛り、①のつけだれを添える。好みでキャベツやレタスを添え、糸唐辛子と白いりごま、青ねぎをのせる。

memo

ハワイでは甘辛く味つけた牛肉を使う店が多いのですが、我が家では豚バラが人気。肉を漬け込むと水分を含んで卵がからみにくいので、下味は塩こしょうのみにしています。

ⓐ

ⓑ

ⓒ

モチコチキン  お店ごはん

Mochiko Chicken

いわゆる鶏のから揚げですが、もち粉を衣に混ぜることでサクサク感がアップ。
ソースの甘辛味がご飯にもおつまみにもぴったりで、箸が止まりません。

材料 _2人分

鶏もも肉 (ひと口大に切る)… 400g

Ⓐ にんにく (すりおろす)… 1片
　 生姜 (すりおろす)… ½片
　 塩… 小さじ¼
　 黒こしょう… 小さじ¼

Ⓑ もち粉… 大さじ2
　　　*上新粉で代用可
　 薄力粉… 大さじ2

揚げ油… 適量

スイートチリソース… 大さじ3
しょうゆ… 小さじ2

パクチー (ざく切り)… 適宜
青ねぎ (小口切り)… 適宜
紫キャベツ (せん切り)… 適宜

作り方

❶ 鶏肉とⒶをポリ袋に入れてよくもみこみ、15分ほどおく。

❷ まずⒷの半量を①に加えてもみ、全体に粉がついたら残りの半量も加えて、粉をまんべんなく鶏肉にまぶす。粉がしっとりするまで10分ほどおくⓐ。

❸ 180℃の油で、きつね色になるまで5～6分ほど揚げるⓑ。

❹ ボウルにスイートチリソースとしょうゆを入れて混ぜ、油をきった③を加えてからめる。

❺ 好みで紫キャベツや青ねぎ、パクチーを添える。

memo

辛味が苦手な場合は、④の「スイートチリソース＋しょうゆ」を市販の焼肉のたれに置き換えるのもおススメです。
②で少し時間をおいてから揚げると、仕上がりのサクサク感がアップするうえ、油の汚れも少なくなります。

ⓐ 　ⓑ

ハワイで売られているいちばんメジャーなもち粉はこちら。日本では「求肥粉」として売られていることもあります。

タイ料理やベトナム料理でよく使われるスイートチリソース。

オレンジチキン お店ごはん

Orange Chicken

ハワイできっと多くの人が高い確率でお世話になるテイクアウトチャイニーズの代表格。
甘ずっぱじょっぱい味がクセになる！

材料＿2人分

鶏もも肉（ひと口大に切る）… 450g
塩… 小さじ½
こしょう… 少々

A 薄力粉… 大さじ2
　 片栗粉… 大さじ1

油… 適量

B オレンジマーマレード… 大さじ3
　 オイスターソース… 大さじ1½
　 酒… 大さじ1
　 水… 大さじ2
　 しょうゆ… 小さじ2
　 鶏ガラスープの素… 小さじ1
　 にんにく（すりおろす）… 1片
　 生姜（すりおろす）… ¼片

ごま油… 小さじ1

青ねぎ（小口切り）… 適宜
白いりごま… 適宜

作り方

❶ 鶏もも肉をポリ袋またはボウルに入れて塩、こしょうをもみこみ、A を全体にまぶす。

❷ 別のボウルに B を入れて混ぜ、網じゃくしなどでオレンジの皮を取りのぞく（好みで残しても可）ⓐ。

❸ フライパンに少なめの油を熱し、中火で①の鶏肉をきつね色になるまで揚げ焼きにして油をきる。

❹ 油を取りのぞいた、もしくは別のフライパンに、B を入れて弱火にかける。沸騰したら、ごま油を加えるⓑ。

❺ ③を④に入れ、ソースを全体にからめて火を止めるⓒ。

❻ 好みで青ねぎと白いりごまをふる。

memo ―――――――――――――――――――
オレンジマーマレードの代わりにアプリコットやグアバなどのジャムを使ってもおいしくできます。ソースを火にかける時は焦げやすいので気をつけてください。

ⓐ　　　　　　　ⓑ　　　　　　　ⓒ

フリフリチキン  お店ごはん

Huli Huli Chicken

「Huli Huli(フリフリ)」とはハワイ語で「回転する」の意。
回転させながらBBQグリルで焼いたチキンです。
家だと「フリフリ」はできませんが、オーブンでもおいしく作れます。

材料_2人分

鶏もも肉…600g

Ⓐ パイナップルジュース…50ml
　砂糖…大さじ1½
　しょうゆ…60ml
　にんにく(すりおろす)…1片
　生姜(すりおろす)…1片

キャベツ(せん切り)…適量

作り方

❶ 鶏もも肉の皮に包丁やはさみで数か所穴をあけ、厚みのある部分は火が通りやすいよう包丁で切り目を入れるⓐ。

❷ Ⓐを鶏肉が入るサイズのジッパーつきポリ袋に入れる。

❸ ①を②の袋に入れてなじませ、空気を抜きながらジッパーを閉めて、冷蔵庫で1時間〜半日ほどおく。

❹ 天板に置いた網に③を皮目を下に置き、180℃に予熱したオーブンで15分、裏返してさらに15分焼くⓑ。

❺ 皿に盛り、キャベツを添える。

memo ———————————————————

パイナップルには肉をやわらかくする作用があり、あまり長く漬け込むと肉がやわらかくなりすぎるので、漬け込み時間は長くても半日ほどがおススメ。魚焼きグリルでもおいしく焼けます。

ⓐ 　ⓑ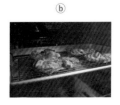

簡単チキンカツ お店ごはん

Chicken Katsu

ハワイで「Katsu（カツ）」といえばチキンカツが多数派。
卵を使わずに仕上げたサックサクの衣は冷めてもおいしいので、
お弁当のおかずにもおススメです。

材料 _2人分

鶏むね肉… 400g
塩… 小さじ ¼
こしょう… 少々
薄力粉… 大さじ3
水… 大さじ3½
パン粉… 50g程度
粉チーズ… 大さじ1
揚げ油… 適量

A とんかつソース
　　（または中濃ソース）… 大さじ2
　　ケチャップ… 大さじ1

キャベツ（せん切り）… 適宜
レタス（せん切り）… 適宜

作り方

❶ 鶏むね肉を、大きいものなら3〜4枚、小さめなら2枚に、厚さ2㎝ほどのそぎ切りにする⒜。

❷ ①に塩、こしょうをふり、20分ほどおく。

❸ 薄力粉と水をボウルに入れてよく混ぜ、②にからめる⒝。

❹ パン粉と粉チーズをあわせ、③の全体につける。

❺ 180℃の油で揚げる。2〜3分で衣に色がついてきたら裏返し、全体がきつね色になるまで揚げる⒞。

❻ 油をきり、食べやすい大きさに切る。**A**をあわせたソースと、好みでキャベツ、レタスを添える。

memo ────────────────────────────
　鶏肉以外でも、この方法でおいしいカツができます。

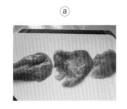

ⓐ　　　　　　　ⓑ　　　　　　　ⓒ

ジンジャーチキン お店ごはん

Cold Ginger Chicken

ジューシーな蒸し鶏に右ページのジンジャーソースをかけた、
ハワイのチャイニーズレストランで人気の味。

材料_2人分

鶏もも肉… 450g
塩… 小さじ1
こしょう… 少々
水… 200ml
酒… 大さじ1
生姜（薄切り）… 1片
ジンジャーソース（P.31）… 適量

レタス（ざく切り）… 適宜
トマト（薄切り）… 適宜
パクチー（ざく切り）… 適宜

作り方

❶ 鶏もも肉の皮に包丁やはさみなどで数か所穴をあけ、塩、こしょうを全体にもみこんで30分ほどおく。

❷ 鍋に水と酒を入れて強火にかける。沸騰したら生姜を入れて弱火にし、①を皮目を上にして入れる。ふたをして15分ほど蒸し煮にするⓐ。

❸ 火を止めたらそのまま冷まし、粗熱が取れたらゆで汁ごと保存容器に入れて冷蔵庫で冷やす。

❹ 食べやすい大きさに切って皿に盛り、ジンジャーソースをかける。好みでトマト、レタス、パクチーなどを添える。

memo

もも肉の代わりにむね肉を使ってもおいしく作れます。市販のサラダチキンを使うとさらに手軽です。

ⓐ

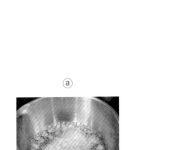

sauce *recipe*

ジンジャーソース
Ginger Sauce

生姜と青ねぎの風味がクセになるソース。
鶏肉以外にもサラダに、ポケに、いろいろな使い方が楽しめます。

材料 _ 作りやすい分量

生姜（粗みじん切り）… 20g
青ねぎ（ざく切り）… 50g
サラダ油… 大さじ2
ごま油… 大さじ2

Ａ｜ナンプラー… 小さじ1
　｜塩… 小さじ¼
　｜黒こしょう… 小さじ¼

作り方

❶ 鍋にサラダ油とごま油を入れて中火にかけて熱し、生
姜を入れて30秒ほど加熱する@。

❷ 青ねぎを加え、さっと火を通したら火を止める⑥。

❸ 粗熱を取った②にＡを加え、フードプロセッサーやハ
ンドブレンダーでなめらかにする©。

memo

新生姜を使うと辛さが控えめになります。辛さが苦手な人は、生
姜を少なめに、ねぎを増やす、など調整してみてください。

おうちごはんもローカル気分

How to serve Hawaiian style

ハワイスタイルに盛りつけよう

ハワイごはんで欠かせないのがプレートランチ。「プレート」と言いつつボックスに盛りつけたものが主流で、ローカルが愛するハワイのお弁当です。レストランではお皿に盛られていることもありますが、いずれにしてもご飯とおかずをひとつに盛りつけるのがハワイスタイル。丸く盛った白いご飯とマカロニサラダなどの副菜にメインのおかずを組みあわせた形が基本です。

1 モチコチキンのプレートランチ

日本のから揚げ弁当同様、ハワイでも
モチコチキンのプレートランチはみんな大好き大定番！

ハワイアン・
マカロニサラダ（→ P.62）　　　みじん切りにしたパセリ

　　　　　　　　　　　プチトマト

☆ 紙製、プラスチック製などのランチボックス
　（ここでは 2 つに区切られたものを使っています）

♡ クッキングシート
　（敷く部分の大きさにカットする）

★ 好みのドレッシング
　（あれば小さなプラ容器に入れて）

白いご飯

好みのふりかけ

せん切りキャベツ

小口切りにした青ねぎ

レタスなどの葉もの野菜　　モチコチキン（→ P.23）

Step 1. ランチボックスの左側の区画にカット
したクッキングシートを敷き、葉もの野菜を盛る

葉もの野菜の全体に
のせずに、半分くらい
のスペースにすると
彩りがよくなります。

クッキングシートを敷くと、仕切
りにもなり、ランチボックスが紙
製の場合はご飯がこびりつくの
を防いで食べやすくなります。

Step 2. アイスクリームスクープを
使って、マカロニサラダを葉もの野菜
の上にこんもりとのせる

Step 3. マカロニサラダの上にパセリを
ふり、プチトマトを添える

せん切りキャベツはおか
ずになるのはもちろん、
メインのおかずに高さを
出す役割もしてくれます。

Step 4. ランチボックスの右側の区
画にクッキングシートを敷き、手前側
にせん切りキャベツを盛る

Step 5. キャベツの奥に、アイスクリーム
スクープでご飯を丸く2つの山のように盛る

ふりかけは好みのものでよ
いですが、のりたまは明る
い黄色が彩りを添えてくれ
るのでおススメです。

完成！

Step 6. ご飯の上にふりかけをかける

Step 7. せん切りキャベツの上にモ
チコチキンをのせる

Step 8. 彩りに小口切りの青ねぎを添え、
小さな容器に入れたドレッシングを添えて
できあがり

2 チキンカツのプレートランチ

ランチボックスではなくお皿に盛りつけるハワイのレストラン風。
おうちごはんもハワイスタイルで盛りつけたら一気にローカルレストラン気分に。

☆ 大きめの平皿
★ とんかつソース または 中濃ソース
（あれば小さな容器に入れて）

レタスなどの葉もの野菜

プチトマト　　みじん切りにしたパセリ

好みのふりかけ

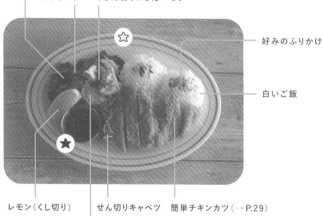

白いご飯

もちろんランチボックスに入
れてもOK。ガーリック・フラ
イドポテト・サラダを定番の
マカロニサラダにするなど、
組みあわせもアレンジもいろ
いろ楽しんでみてください。

レモン（くし切り）　　せん切りキャベツ　　簡単チキンカツ（→ P.29）

ガーリック・フライドポテト・サラダ（→ P.63）

ハワイスタイルに盛りつけよう

Step 1. 皿の左側に葉もの野菜を盛る

> ハワイのごはんには、和食の「ご飯茶わんは左側」などの決まりは特にないので、おかずの配置は左右逆でもOKです。

> 丸皿でももちろんOKですが、ハワイのレストランでよく使われている楕円形のお皿を使うとハワイ感UP♪

Step 2. 野菜のとなりに、アイスクリームスクープを使って、ご飯をこんもり丸く2つの山のように盛る

Step 3. お皿の手前部分にせん切りキャベツを盛る

> カツは上からのせるのではなく、キャベツの山に斜めにのせます。高さが出るように盛りつけると、立体感が出て見た目も華やかに仕上がりますよ。

Step 4. 葉もの野菜とご飯の間にガーリック・フライドポテト・サラダを盛る

Step 5. プチトマトをのせる

Step 6. 食べやすい大きさに切ったチキンカツをせん切りキャベツの上にのせる

完成！

Step 7. 小さい器や容器にとんかつソースを入れて添える

Step 8. ご飯にふりかけをかける

Step 9. ガーリック・フライドポテト・サラダにパセリをふり、レモンを添えてできあがり

オックステール・スープ お店ごはん

Oxtail Soup

オックステール・スープといえばオアフ島のカピオラニ・コーヒーショップ。
ほろほろになった肉に生姜じょうゆをつけてご飯とともに。
ハワイローカルに人気の名物ごはんを再現しました。

材料 _2人分

牛テール…800g
　塩…大さじ1
　黒こしょう…小さじ1
水…1000ml程度（牛テールがかぶるくらい）
酒…大さじ1
顆粒和風だし…小さじ2
にんにく…1片
生姜…1片
塩…少々
こしょう…少々

青ねぎ（小口切り）… 適宜
パクチー（ざく切り）… 適宜
生姜（すりおろす）… 適量
しょうゆ… 適量

作り方

❶ 牛テールの全体に塩と黒こしょうをふり、1時間～一晩ほどおく⒜。

❷ 鍋に湯（分量外）を沸かし、①を5分ほど中火でゆでる⒝。

❸ ザルにあげて、流水であくを洗い流す。脂が気になるようなら、ここで取りのぞいておく。

❹ にんにくと生姜を包丁の腹でつぶす。

❺ 鍋に分量の水を入れて強火にかけ、③と④、さらに酒を入れる。沸騰したら弱火にしてふたをし、2～2時間半ほど煮込む。

❻ 顆粒和風だしを加え、塩、こしょうで味をととのえる。

❼ 器に盛り、好みで青ねぎやパクチーをのせる。生姜じょうゆを添える。

memo ————————————————————

手順⑤で圧力鍋を使うと半分ほどの時間でやわらかくなります。
チリソースをつけて食べるのもおススメです。

ⓐ  ⓑ

オックステールうどん

Oxtail Udon

シンプルな味わいのオックステール・スープにうどんを入れて香草類を添えると、
ハワイローカルにもなじみのあるベトナムフォーのようなスタイルに。

材料_2人分

オックステール・スープ
　（P.37参照）… 適量
冷凍うどん… 2玉

バジル（葉をちぎる）… 適宜
パクチー（ざく切り）… 適宜
もやし… 適宜
玉ねぎ（薄切り）… 適宜
レモン（くし切り）… 適宜
ハラペーニョ（小口切り）… 適宜
　＊青唐辛子で代用可

作り方

❶ オックステール・スープを深めの鍋に入れ中火に
かける。沸騰したら冷凍うどんを入れる⒜。

❷ うどんがあたたまったらスープごと丼に盛り、好み
でバジル、パクチー、玉ねぎ、もやし、レモン、ハラ
ペーニョなどを添える。

memo

ハワイでは中華麺でオックステール・ラーメン、米麺でオック
ステール・フォーなど、いろいろなアレンジを楽しみます。冷
凍麺のほか乾麺や生麺を使ってもOKです。ちなみに、ハワ
イではフォーは「ファ」と発音すると通じやすいですよ。

ⓐ

Kitchen Tools
for Hawaiian Cooking

BIGで便利な調理家電

アメリカの50番目の州であるハワイ。ハワイ独自の文化とともにアメリカ文化も浸透しています。ハワイ旅行でショッピングに行くと、何もかもがアメリカンなビッグサイズなことに驚く人も多いはず。アメリカ本土は土地の広大さゆえ、家や家具が大きく、キッチンも広い! キッチン用品でも日本では置き場に困ってしまうようなサイズのものが多いのですが、使ってみるとかなり便利なんです。

ハワイの家庭では「一家に一台」的存在なのがスロークッカー（低温調理器）。ゆっくりじっくり火を通すことができるので、カルアピッグを作る時におすすめです。とてもやわらかく仕上がって、ルアウなどで見る伝統的な調理法［注］で作ったものに近くなるんです。ハワイではパーティーに参加する機会も多く、職場で行われるパーティーにもそのまま持って行ったりするなど、こちらの家庭ではとても重宝がられています。

> **注**
> 地面に掘った穴の中に熱した石を入れて調理する方法。ルアウはハワイ語で「宴」の意。

上手に使って時短＆ハワイ感UP

ここ数年で多くの家庭に普及したマルチクッカーは、圧力鍋とスロークッカーの機能を持ちあわせ、さらにソテーまでできるなどいろいろな調理がこれひとつで可能です。たとえばオックステール・スープやハワイアン・ビーフシチューが半分の煮込み時間でできるんです。その上、扱いやすいのも魅力です。

ハワイアン・クッキングに使われるキッチン用品として、アイスクリームスクープもはずせません。プレートランチのご飯やマカロニサラダはこれを使って盛りつけるのがハワイ流。サイズもいろいろあり、小さいサイズのものはお菓子作りなどでも活躍します。クッキーなどの焼き上がりのサイズが均等に仕上がるので便利です。スパムむすびの型もなくてはならない道具のひとつ。スーパーマーケットなどで簡単に手に入り、しかも軽いのでおみやげとしてもおすすめです。

マルチクッカー
ひとつの鍋で数種類の調理法が選べ、操作も簡単なのがうれしい限り。

ハンドブレンダー
ドレッシングやソース、スープなどを作る時に便利です。

アイスクリームスクープ
サイズによって使い分け。プレートランチの盛りつけには欠かせません。

スロークッカー（低温調理器）
塩をふった豚肉を入れるだけ。無水でカルアピッグがおいしくできます。

ハワイではスパムむすびをこれで使って作っている人多し。

スパムむすびの型

ハワイアンスタイル・ステーキ 🏠 おうちごはん

Hawaiian Style Steak

焼いたステーキをあらかじめひと口大にカットするのがハワイのスタイル。
しっかり下味をつけた肉はBBQやキャンプでも大活躍まちがいなしです。

材料 _2人分

牛肩ロース… 500g
油… 大さじ1

Ⓐ しょうゆ… 小さじ2
　塩… 小さじ1
　ガーリックパウダー… 小さじ1
　黒こしょう… 小さじ¼

クレソンなど葉もの野菜… 適量

作り方

❶ 牛肩ロースの両面にⒶをまんべんなくふり、手でもみこんで30分ほどおく。

❷ フライパンに油を入れ中火で熱し、①を入れる。

❸ 中火でふたはせずに3分焼いたら裏返し、裏面も中火のまま3分焼く。きれいな焼き色をつけるために、焼いている間はなるべく触らない。

❹ キャセロールなど少し深さのある器にステーキを取り、アルミホイルをかぶせて5分ほどやすませるⓐ。

❺ 食べやすい大きさに切って、器に残った肉汁をからめるⓑ。クレソンなどを適宜添える。

ⓐ

ⓑ

memo ————

もし手に入るなら、ハワイのシーソルト（P.115参照）を使ってみてくださいね。ハワイの味にぐっと近づきます。

ハワイアンスタイル・ステーキ・フライズ

Hawaiian Style Steak Fries

冷凍ポテトがごちそうに！おもてなしにも使えます。
見た目も華やかでボリュームたっぷりなのでこれ一品でも大満足。
ステーキが残った時にはぜひどうぞ。

材料 _2人分

ハワイアンスタイル・ステーキ
　（P.40参照）… 150g
冷凍フライドポテト… 400g

トマト（1㎝角切り）… 中½個
玉ねぎ（みじん切り）… 中⅛個
細切りチーズ… 100g
パクチー（ざく切り）… 適量
青ねぎ（小口切り）… 適量
パクチーソース（P.17参照）… 適量
ライム（⅛にカット）… ½個
　＊レモンで代用可

作り方

❶ オーブンの天板にクッキングシートを敷いて冷凍
　フライドポテトをひろげ、パッケージの指示どおり
　オーブンであたためる。または指示通りに油（分
　量外）で揚げて、クッキングシートを敷いた天板に
　ひろげる。

❷ あたためたハワイアンスタイル・ステーキを5㎜ほ
　どの角切りにする。

❸ ①の全体にチーズをまんべんなくひろげ、②をの
　せる@。

❹ トマトと玉ねぎ、青ねぎを散らし、パクチーソース
　をかけてライムとパクチーを添える。

@

ハワイアン・ビーフシチュー 🍴 お店ごはん

Hawaiian Beef Stew

老舗ドライブインで何を食べようか迷っていたところ、
見ず知らずのアンクルから「迷ったらコレ!」とすすめられました。
ハワイの人に浸透しているやさしい味。

材料_2人分

牛肉… 400g
　（カレーやシチュー用など/3〜4cm角切り）
　塩… 小さじ1
　こしょう… 小さじ½
油… 小さじ1
にんにく（みじん切り）… 1片
にんじん（乱切り）… 中1本
セロリ（長さ3cmに切る）… 中1本
玉ねぎ（くし切り）… 中½個
じゃがいも（3〜4cmの乱切り）… 中2個
水… 150ml
トマト缶（ホールまたはカット）… 1缶（400g）
トマトペースト… 大さじ1½
オレガノ… 小さじ1
塩… 適宜

パセリ（みじん切り）… 適宜

作り方

❶ 牛肉に塩、こしょうをふり、1時間ほどおく。

❷ 鍋に油を熱し、にんにくを中火で炒める。香りが出たら①を入れ、中火のまま表面に焼き色をつける@。

❸ セロリ、にんじん、玉ねぎ、オレガノを入れ、中火でさっと炒めたら⑥、水、トマト缶、トマトペーストを加えて中火で煮る。

❹ 沸騰したら弱火にしてふたをし、30分ほど煮込む。途中であくが出てきたら取りのぞく。

❺ じゃがいもを加え、再びふたをして20分煮込む©。必要に応じて塩で味をととのえる。

❻ 皿に盛って好みでパセリをふる。

ⓐ  ⓑ  ⓒ

ガーリック・シュリンプ  お店ごはん

Garlic Shrimp

ハワイ旅行、これを食べなきゃはじまらない！という人も多いのでは。
ご飯によし、ビールによし。
ガーリックバターの風味につい「うまっ!!」と口から出てしまいます。

材料 _2人分

えび（無頭/殻つき）… 360g

A にんにく（みじん切り）… 2片
オリーブオイル… 大さじ2
塩… 小さじ1
黒こしょう… 小さじ½

バター… 40g

レモン（くし切り）… 適宜
パセリ（みじん切り）… 適宜
キャベツ（せん切り）… 適宜

作り方

❶ えびの背に切り目を入れて背わたを取りのぞき、水けを取る。

❷ ボウルに **A** を入れて混ぜ、①を加えて5分ほどおく @。

❸ フライパンを中火で熱し、オイルをきった①を入れて1〜2分ほど中火で焼き ⓑ、裏返して再び1〜2分焼く。

❹ 弱火にして①のボウルに残ったオイルとにんにく、さらにバターを加え、バターが溶けてにんにくがきつね色になり、えびに火が通るまで焼く ⓒ。

❺ 好みでキャベツやレモン、パセリなどを添える。

memo

にんにくとバターが焦げやすいので、手順④で焦げそうになったらさらに火を少し弱めてください。

ⓐ  ⓑ  ⓒ

スパイシー・ガーリック・シュリンプ

Spicy Garlic Shrimp

辛味をプラスした大人のひと皿。基本の作り方と途中までは一緒なので、
子ども用にマイルド、大人用にスパイシーを同時に作ることもできます。

材料_2人分

えび(無頭/殻つき)… 360g

A にんにく(みじん切り)… 2片
オリーブオイル… 大さじ2
塩… 小さじ1
黒こしょう… 小さじ½

バター… 40g
チリソース
　(シラチャーソースなど)… 小さじ2

レモン(くし切り)… 適宜
パセリ(みじん切り)… 適宜
キャベツ(せん切り)… 適宜

作り方

❶ 45ページの要領でガーリック・シュリンプを作る。
　手順④でバターと一緒にチリソースを加える。

memo

ハワイではシラチャーソースを使って辛味をつけることが多い
のですが、豆板醤などでも代用できます。その場合は、種類に
よって辛さが異なるので、少しずつ味をみながら加えていってく
ださいね。

クリーミー・ガーリック・シュリンプ
Creamy Garlic Shrimp

基本のガーリック・シュリンプをアレンジして、クリームソース仕立てに。
リッチなソースはパンにもよく合います。

材料_2人分

えび（無頭/殻つき）… 360g

A にんにく（みじん切り）… 2片
オリーブオイル… 大さじ1½
塩… 小さじ½
黒こしょう… 小さじ¼

白ワイン… 60ml
生クリーム… 60ml
バター… 10g
レモン汁… 小さじ2

パセリ（みじん切り）… 適量
トマト（5mm角切り）… 適量
フランスパン（トーストする）… 適量

作り方

❶ 45ページの手順①～④の要領でガーリック・シュリンプを作る。手順④でバターは入れずにおく。

❷ ①に白ワインと生クリームを加えて、1分ほど弱火で煮る ⓐ 。

❸ 弱火のままレモン汁とバターを加えてさっと混ぜ、バターが溶けたら火を止める。

❹ 器に盛り、パセリとトマトを散らし、フランスパンを添える。

memo ————

えびのうまみが出たソースはパンだけでなくパスタにも◎。
白いご飯にも合うのはもちろんですが、サフランバターライス
（P.49参照）とあわせるのもおススメです。

シュリンプ・ココナツカレー  おうちごはん

Shrimp Coconut Curry

野菜をベースに、まろやかなココナツミルクやヨーグルトをあわせたヘルシーなひと皿。
やさしい甘さのカレーに、パンチのきいたシュリンプがアクセント。

材料 _2人分

えび(無頭)… 180g
玉ねぎ(みじん切り)… 中1個
にんじん(みじん切り)… 中½本
生姜(みじん切り)… 1片
ココナツオイル… 大さじ1
　*オリーブオイルで代用可

A カレーパウダー… 小さじ1½
　シナモンパウダー… 小さじ½
　カルダモンパウダー… 小さじ¼
　こしょう… 小さじ¼

トマトペースト… 大さじ1½
ギリシャヨーグルト(プレーン)… 80g
　*水切りしたプレーンヨーグルトで代用可
ココナツミルク… 400ml

B ナンプラー… 小さじ2
　蜂蜜… 大さじ1
　塩… 小さじ½

C オリーブオイル… 大さじ½
　にんにく(みじん切り)… ½片
　塩… 小さじ¼
　黒こしょう… 小さじ⅛

サフランバターライス… 適量
パセリ(みじん切り)… 適量
生クリーム… 適量

作り方

❶ 深めの鍋にココナツオイルを中火で熱し、玉ねぎを炒める。水分がとんできたら弱火にし、あめ色になるまで焦がさないように炒める。

❷ にんじんと生姜を加えてさらに炒める。しっとりしてきたら A を加え、香りが立つまで3〜4分炒めるⓐ。

❸ トマトペーストを加えて炒めあわせる。次にヨーグルトを入れて炒め、さらにココナツミルクを加えてよく炒めあわせるⓑ。

❹ B を入れて、10分ほど弱火で、焦げつかないようにときどきかき混ぜながら煮込む。

❺ えびの殻と背わたを取りのぞき、水けをよくきって C をあわせたボウルに入れて5分ほどおく。

❻ フライパンを中火で熱し、⑤を焼く。片面2分ずつ、両面こんがりと焼いたら④に加える。または好みで盛りつける時に上にのせる。

❼ サフランバターライスとともに盛り、生クリームをかけてパセリをふる。

---

rice recipe

サフランバターライスの作り方

材料 _2合分

米…2合(360ml)　水…440ml　サフラン(ホール)…10本程度　D {バター…20g　塩…小さじ½　ガーリックパウダー…小さじ¼　黒こしょう…少々}

❶ 米を洗い、炊飯器にセット。水とサフランを入れて10分ほど浸水させてから、通常の炊飯モードで炊く。

❷ 炊きがったら D を入れ、さっくりと切るように混ぜあわせる。

ⓐ

ⓑ

豪快！手づかみシーフード 🍴お店ごはん

Cajun Seafood Boil

もとはアメリカ南部のケイジャン料理ですが、ハワイでもすっかり定着。
スパイシーなソースがやみつきになる一品です。
ここではとにかく豪快に手づかみで、が正しいお作法。

材料_2人分

かに（ズワイなど）… 1杯
じゃがいも（皮つきのまま4〜6等分）… 大1個
とうもろこし（4等分）… 1本
えび（無頭／殻つき）… 大6尾
あさり（殻つき／砂抜きする）… 120g
ムール貝（殻つき）… 6個

バター… 50g
にんにく（みじん切り）… 1片

A パプリカパウダー… 小さじ1
　チリパウダー… 小さじ½
　キャラウェイシード… 小さじ½
　クミンパウダー… 小さじ¼
　塩… 小さじ¼

パクチー（ざく切り）… 適宜
パセリ（みじん切り）… 適宜
青ねぎ（小口切り）… 適宜
レモン（くし切り）… 適宜

作り方

❶ かにはキッチンばさみなどで鍋に入る大きさに切る。えびは背わたを取りのぞく。

❷ 大きめの鍋にたっぷりの水（分量外）を入れ、じゃがいもを入れて強火にかける。

❸ 沸騰したら中火にし、竹串がすっと通るくらいまでゆでたら①のかにとえび、とうもろこしを入れ、ふたをして5分ほどゆでる。

❹ あさりとムール貝を加えて再びふたをし、口が開いたらすべてをザルにあげる。

❺ 鍋にバターとにんにくを入れ、弱めの中火にかける。バターが溶け、にんにくの香りが立ったら**A**を入れ、全体が混ざったら火を止める。

❻ オーブン用天板や大きな皿などにクッキングシートを敷いて、④をひろげる。⑤をかけてⓐ全体にからめるⓑ。

❼ 好みでパセリ、パクチー、青ねぎを散らし、レモンを添える。クッキングシートごと食卓へ。

memo ──────────────
ソースを手でからめる時や手づかみで食べる時は、使い捨てのビニール手袋を着けると手が汚れません。えびやあさりは火の通しすぎに気をつけて。

ⓐ 　ⓑ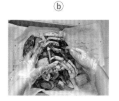

すしベイク おうちごはん

Sushi Bake

一見これが寿司？と思いますが、
かつて日系移民たちが母国を思いながら工夫した、ハワイに残る日本食文化のひとつです。
今では持ち寄りパーティーの定番になりました。

材料 _2～4人分

酢飯… 350g
かにかまぼこ（細く裂く）… 150g
マヨネーズ… 大さじ 4½
つけもの
　　（たくあん、しば漬けなど／粗みじん切り）… 50g
アボカド（1㎝角切り）… 中½個
ふりかけ（のりたまなど）… 大さじ3
とびこ… 大さじ3
青ねぎ（小口切り）… 適量
韓国のり… 適量

作り方

❶　かにかまぼこをボウルに入れてマヨネーズとあえる。

❷　別のボウルに酢飯を入れ、つけものを加えて混ぜる。

❸　耐熱皿に②を敷きつめⓐ、その上に①をひろげる。

❹　オーブントースターに入れ、表面に少し焼き色がつく
　　まで5分ほど焼くⓑ。

❺　粗熱が取れたらふりかけを全体にふりⓒ、アボカドと
　　とびこ、青ねぎを散らす。

❻　のりで巻きながら食べるⓓ。

memo

　ハワイではシラチャーソースなどで辛味を足したり、うなぎのたれ
をかけたりしてあることも。わさびじょうゆで食べるのもおススメ
です。

ⓐ 　ⓑ 　ⓒ 　ⓓ

ふりかけフィッシュ 🏠 おうちごはん

Furikake Fish

ハワイごはんではさまざまな場面で「ふりかけ」が登場するのですが、時に意外な使いかたに驚くことも。
冷めてもおいしいこちらはお弁当のおかずにもおススメです。

材料_2人分

かじき(切り身／1切れ150g)… 2切れ
塩… 小さじ1/2
こしょう… 小さじ1/4
マヨネーズ… 大さじ1½
練りわさび… 小さじ1
ふりかけ(のりたまなど)… 大さじ2

レモン(くし切り)… 適宜
クレソン… 適宜

作り方

❶ かじきに塩、こしょうをふり、15分ほどおく。

❷ マヨネーズと練りわさびをボウルに入れて混ぜあわせる。

❸ ①の水けをキッチンペーパーでふき取り、②を片面に塗る@。

❹ ③の上にまんべんなくふりかけをふるⓑ。

❺ 180℃のオーブンで15〜20分焼く。

❻ 好みでレモンとクレソンを添える。

@

ⓑ

memo

魚とふりかけの種類は好みのものでOKです。ハワイではかじきのほかサーモンやアヒ(まぐろ)で作ることが多いですが、鶏むね肉もおいしいですよ。魚焼きグリルやオーブントースターでも作れます。

CHAPTER 2

Hawaiian Local Food Recipe Book

サイドディッシュ

アヒポケ 🌿 ハワイ伝統料理

Ahi Poke

専門店のほかスーパーマーケットにも必ず売り場があるほど、
ハワイローカルの暮らしの中で欠かせないポケ。
もっとも基本といえるのがアヒ（まぐろ）のポケです。

材料 _2人分

まぐろ（赤身／ぶつ切り）…250g
玉ねぎ（粗みじん切り）…小½個
青ねぎ（小口切り）…15g

Ａ　ごま油…大さじ1
　　塩…小さじ½
　　唐辛子フレーク…小さじ½
　　　＊砕いた乾燥赤唐辛子½本で代用可

しょうゆ…小さじ1

作り方

❶　ボウルにＡを入れて混ぜるⓐ。

❷　まぐろ、玉ねぎ、青ねぎを入れてあえ、最後にしょうゆ
　　を加えてあえるⓑ。

memo

まぐろ以外にもえびやほたて、サーモンやかつおなど、好みの魚
でアレンジ可能です。

ボイルえびやボイルほたてを使った簡単ポケ。

Poke いろいろ
ポケ

ハワイでは店頭に多彩な種類の
ポケが並んでいます。
いろいろなアレンジで楽しみましょう。

たこポケ *Tako Poke*

たこを使ったポケはハワイでも大人気！

材料_2人分
ゆでだこ（ひと口大そぎ切り）…200g
玉ねぎ（薄切り）…中⅙個
青ねぎ（小口切り）…15g
Ⓐ｛ごま油…大さじ1　しょうゆ…小さじ2
唐辛子フレーク…小さじ½ ＊砕いた乾燥赤
唐辛子½本で代用可　塩…小さじ¼｝

作り方
❶ ボウルにⒶを入れて混ぜ、玉ねぎを加えてあえる。
❷ たこと青ねぎを加えてあえる。

スパイシー・アヒポケ
Spicy Ahi Poke

ピリ辛マヨネーズで仕上げました。
多くの種類があるポケの中でも
特に人気がある一品です。

材料_2人分
まぐろ（赤身／ぶつ切り）…250g
玉ねぎ（粗みじん切り）…中⅙個
青ねぎ（小口切り）…15g
Ⓐ｛ごま油…大さじ1　しょうゆ…小さじ1　塩…小さじ½｝
Ⓑ｛とびこ…大さじ2　マヨネーズ…大さじ2　豆板醤（ま
たはシラチャーソース）…小さじ2｝
青ねぎ（小口切り）…適宜

作り方
❶ ボウルにⒶを入れて混ぜ、まぐろ、玉ねぎ、青ね
　 ぎを加えてあえる。
❷ Ⓑを別のボウルで混ぜ、①のボウルに加えてあ
　 える。
❸ 好みで青ねぎを飾る。

ガーリック枝豆ポケ *Garlic Edamame Poke*

枝豆もポケになるんです。時間をおくほど味がしみるので、作りおきにも◎。

材料_2人分
枝豆（さやつき／生でも冷凍でも可）…150g
Ⓐ｛スイートチリソース…大さじ2　しょうゆ…大さじ2　ごま油
…小さじ1　にんにく（すりおろす）…½片｝
白いりごま…適宜

作り方
❶ ボウルにⒶを入れてよく混ぜる。
❷ 枝豆をゆでてザルにあげ、水けをきって熱いうちに①に入れ
　 てあえる。
❸ 冷蔵庫に入れて半日ほどおき味をなじませる。
❹ 食べる前に好みで白いりごまをふる。

カリフォルニア・アヒポケ・ボウル
California Ahi Poke Bowl

スパイシー・アヒポケに
カリフォルニアロールの具を加えて、
ハワイスタイルのボウル(=どんぶり)仕立てに。

材料 _2人分
スパイシー・アヒポケ(P.58 参照)…200g
ご飯…適量
Ⓐ {かにかまぼこ…30g　きゅうり…½本
アボカド…½個}
レタス(ちぎる)…適宜
青ねぎ(小口切り)…適宜
刻みのり…適宜

作り方
❶ かにかまぼこ、きゅうり、アボカドを1㎝ほどの角切りにする。
❷ スパイシー・アヒポケに①を加えてあえる。
❸ ご飯を器に盛り②をのせる。好みで青ねぎと刻みのりを散らして、レタスを添える。

memo
ハワイのお店ではボウル=どんぶりスタイルの時、ご飯が熱々のことが多いのですが、それだとポケがあたたまってしまうので、私は別盛りにしてもらいます。自分で作る時は冷ましたご飯を使います。そのあたりはお好みでどうぞ。

ジンジャー・アヒポケ・ボウル
Ginger Ahi Poke Bowl

オアフ島の人気ポケ専門店で出会った
おいしい組みあわせを再現。
揚げ玉のサクサク食感がアクセント。

材料 _2人分
アヒポケ(P.57 参照)…300g
ジンジャーソース(P.31 参照)…大さじ4
ご飯…適量
揚げ玉…適量
とびこ…適量
青ねぎ(小口切り)…適宜

作り方
❶ 器にご飯を盛り、アヒポケをのせる。
❷ ジンジャーソースをかけ、揚げ玉、とびこ、好みで青ねぎを散らす。

ロミロミ・サーモン ハワイ伝統料理

Lomi Lomi Salmon

ちょっとした箸休め的な存在のハワイ伝統料理。
カルアピッグなどにサイドとして組みあわせることが多い一品です。

材料_2人分

A スモークサーモン(1cm角切り)…80g
　トマト(1cm角切り)…中½個
　玉ねぎ(粗みじん切り)…中⅙個
　青ねぎ(小口切り)…20g

レモン汁…小さじ1
塩…少々
黒こしょう…少々

作り方

❶ A をボウルに入れ、レモン汁を加えて手でやさしく混ぜる@。

❷ 塩、黒こしょうで味をととのえる。

❸ 冷蔵庫で冷やし、味をなじませる。

memo ————

作りたてでも食べられますが、冷蔵庫で冷やすと、トマトの水分が出てきて味がよくなじみます。好みでディルやパクチーなどのハーブを入れたり、ケッパーを入れたりしてもおいしいアレンジになります。

@

ハワイアン・マカロニサラダ  お店ごはん

Hawaiian Mac Salad

ハワイでは「マックサラダ」と呼ばれて親しまれているプレートランチの名わき役。
シンプルにマカロニだけを、やわらかくクリーミーな口あたりに仕上げるのがハワイ流。

材料 _2人分

エルボマカロニ…50g
　　＊ほかの形のマカロニでも代用可

油…小さじ1

Ａ マヨネーズ…大さじ4½
　牛乳…大さじ1
　砂糖…小さじ½
　こしょう…小さじ¼
　ガーリックパウダー…小さじ¼
　塩…少々

作り方

❶ 鍋に750mlの水（分量外）と塩小さじ1（分量外）を入れて沸かし、マカロニを表示のゆで時間より4〜5割ほど長く、やわらかめにゆでる。

❷ ザルにあげて水けをきり、油をからめて常温まで冷ます。

❸ ボウルにＡを入れて混ぜあわせ、②を加えて混ぜる。

❹ 冷蔵庫で1時間ほどやすませる。

memo ───────────────

シェルやリボンなど好みのショートパスタを使ってもOKです。

ハワイのマックサラダといえばこの形！ 定番のエルボ（Elbow）マカロニを使うとハワイ感もUP♪

ガーリック・フライドポテト・サラダ 🍴 お店ごはん

Garlic Fried Potato Salad

ハワイで大人気の韓国料理テイクアウト。サイドディッシュの中に
必ずといっていいほどあるのがこのポテトサラダです。香ばしいBBQとよく合います。

材料 _2人分

じゃがいも…中3個
塩…小さじ¼
黒こしょう…少々

揚げ油…適量

🅐 マヨネーズ…大さじ4
パセリ（みじん切り）…大さじ1
牛乳…小さじ1
ガーリックパウダー…小さじ¼

パプリカパウダー…適宜
パセリ（みじん切り）…適宜

作り方

❶ じゃがいもを洗って、皮がついたまま3cmほどの乱切りにして10分ほど水にさらす。

❷ ザルにあげ、キッチンペーパーでしっかりと水けを取る🅐。

❸ 油を160〜170℃に熱し、②を竹串がすっと通るまで5分ほど揚げる。

❹ 油をよくきり、塩、黒こしょうをふって冷ます🅑。

❺ ボウルに🅐を混ぜ、④を入れてあえる。好みでパプリカパウダーとパセリをふる。

memo

じゃがいもがあたたかすぎると、マヨネーズが溶けてしまうので気をつけて。あえたあと冷蔵庫で軽く冷やすと味がなじんでさらにおいしくなります。

ⓐ 　　ⓑ

クレソンと豆腐のサラダ  お店ごはん

Watercress & Tofu Salad

ハワイ産のクレソンはローカルの人たちにとても身近な食材。
豆腐と組みあわせたサラダはレストランのメニューとしてよく見かけます。

材料_2人分

クレソン…1束(50g程度)

レタス…¼個

もやし…30g

木綿豆腐…⅓丁

トマト(2cm角切り)…中1個

アボカド(2cm角切り)…½個

マウイオニオン・ドレッシング
　(P.66参照)…適量

白いりごま…適量

作り方

❶ 豆腐はキッチンペーパーに包み、重しをのせて余分な
　 水分をしっかりときり、食べやすい大きさに切る。

❷ クレソンとレタスは洗って食べやすい大きさに切る。
　 もやしは洗ってひげ根を取り、いずれも水けをしっか
　 りきっておく。

❸ ②を皿に盛り、①とトマト、アボカドをのせ、白いりご
　 まとドレッシングをかける。

memo ──────────

ハワイにもお豆腐屋さんがあ
り、ローカルにもおなじみな
のはALOHA TOFU。オア
フ島にある工場で作られた
豆腐は、ローカルスーパーな
どに並んでいます。

チキン・ロング・ライス 🌿 ハワイ伝統料理

Chicken Long Rice

ハワイアンフードレストランには必ずある春雨＆鶏肉のシンプルヌードル。
どこかなつかしさを感じる味わいは、大人も子どもも大好きです。

材料_2人分

鶏もも肉…300g
乾燥春雨…100g
塩…小さじ1
こしょう…小さじ½

A 酒…大さじ1
　　鶏ガラスープの素…小さじ½
　　生姜(薄切り)…1片

水…400ml
青ねぎ(小口切り)…40g

作り方

❶ 鶏肉に塩、こしょうをふり、1時間ほどおく。

❷ 春雨は水に浸して洗ってザルにあげ、はさみで2、3等分に切る。

❸ 深めの鍋に水を入れて強火にかけ、沸騰したら A と①を入れて火を弱め、ふたをして15分ほど煮る⒜。

❹ 鶏肉を鍋から取り出し、食べやすい大きさに切る。

❺ 残ったスープに②を入れ、スープを吸わせるように中火で煮込む。

❻ スープがなくなる手前で火を止め、④と青ねぎを加えてあえる⒝。

memo —————
シラチャーソースをかけて辛味を足したり、レモンを搾ったりしてもおいしいです。

⒜　　　　　⒝

sauce *recipe*

マウイオニオン・ドレッシング
Maui Onion Dressing

マウイ島で採れる玉ねぎは
とても甘みが強いことで知られ、ハワイの人からも大人気。
その「マウイオニオン」を使った
ドレッシングの味を再現しました。

材料 _ 作りやすい分量

玉ねぎ（ざく切り）…中 1/4 個
　＊新玉ねぎなど甘みが強いものがおすすめ
だし入りみそ…大さじ1
　＊通常のみそで代用可。その場合顆粒和風だし小さじ1/4 を加える
オリーブオイル…大さじ2
赤ワインビネガー…大さじ1
　＊りんご酢や米酢で代用可
蜂蜜…小さじ1
黒こしょう…小さじ1/4

作り方

❶ すべての材料を容器に入れ、ハンド
　ブレンダーでなめらかにする@。

ⓐ

memo ————————————————

もしもマウイオニオンが入手できるようならば、
ぜひ使ってください。その場合、蜂蜜は入れな
くてかまいません。玉ねぎが辛い場合は、でき
あがった後30分ほど空気に触れさせておくと
辛味が薄くなりますのでお試しを。
完成後は冷蔵庫で1週間ほど保存が可能です。
私はハンドブレンダーを使っていますが、フード
プロセッサーやミキサーでもOKです。機械を
使わない場合は、玉ねぎをおろし、ほかの材料
と混ぜてください。

スーパーマーケットに並ぶマウイオニオン。

Hawaiian Local Food Recipe Book

軽 食

We ❤ Love SPAM

スパムむすび 🏠 おうちごはん

＊「SPAM（スパム）」はホーメルフーズ社製ランチョン
ミートの商品名ですが、ハワイではランチョンミート
を総称してスパムと呼ぶことが多いため、本書でも一
部、ランチョンミートのことをスパムと表記します。

SPAM Musubi

朝ごはんにお弁当、おやつとしても活躍するハワイのB級グルメの代表格。
日本のおむすびから生まれ、今や世代を超えて愛される
人気のハワイごはんとなりました。

材料 _2個分

ランチョンミート…2切れ（厚さ5mm程度）
油… 小さじ2
ご飯…240g
塩… 小さじ¼
焼きのり（3切[約21×6cm]）…2枚

作り方

❶ フライパンを中火にかけ油を熱し、ランチョンミートの
両面を焼き色がつくまで焼く@（テフロン加工のフラ
イパンの場合は油不要）。

❷ ご飯に塩を入れて混ぜ、軽く冷ます。

❸ ②を½量ずつに分け、それぞれ俵型に成形する。

❹ のりの上に①を置くⓑ。

❺ ④の上に③のご飯を置き、のりで巻くⓒ。

memo ———————————————————————

ご飯に塩をあらかじめ混ぜることで塩味が全体になじみます。
のりの幅は好みでもっと細くしてもOKです。

お弁当にする時
は1つずつラップ
で包みます。

ⓐ

ⓑ

ⓒ

みんな大好き！

We ♥ Love SPAM

スパムごはん
SPAM いろいろ

ハワイの人たちは、スパムをシンプルなおむすび以外にも、
いろいろなアレンジで楽しんでいます。

フライド・スパムむすび
Fried SPAM Musubi

スパムむすび揚げちゃうの!? と驚きますが、
実はこれが意外なおいしさ！
ハワイのレストランでよく見かけるアレンジです。

てりたまスパムむすび
Teriyaki SPAM Musubi with Egg

ハワイでは Teriyaki（テリヤキ）味も大人気！
甘辛いテリヤキソースをスパムにからめ、
目玉焼きと一緒にのりで巻きます。

スパム・プレート
SPAM Plate

スパム、卵、ご飯。
これぞハワイローカルの朝ごはん！
という組みあわせ。
しょうゆで食べるのが定番です。

スパム・サンド
Spam Sandwich

スパムはご飯だけでなく、パンにも合うんです。
これもハワイの朝ごはん定番メニューのひとつ。

キムチ＆スパム・チャーハン
Kimchee & SPAM Fried Rice

ハワイに数多くある
韓国料理店やコリアンBBQの店で、
ローカルからも支持される人気メニューです。

てりたまスパムむすび

材料_2個分
ランチョンミート…2切れ（厚さ5㎜程度）
卵…L玉2個
焼きのり（3切［約21×6㎝］）…2枚
ご飯…200g
塩…小さじ¼
油…大さじ1
Ⓐ{しょうゆ…大さじ1　砂糖…大さじ1
酒…大さじ1}

作り方
❶ ご飯は塩を入れて混ぜ、軽く冷ます。½量ずつに分け、それぞれやや細長い俵型に成形する。
❷ フライパンに油を熱し、卵を1つずつ割り入れて目玉焼きを作る。好みで黄身を割ってひろげるⓐ。裏返し、好みの焼き加減まで両面を焼いたら皿などに取っておく。
❸ Ⓐをボウルなどで混ぜる。
❹ ②のフライパンに油が足りないようなら適宜足し、中火でランチョンミートを焼く。両面がこんがりと色づいたら、③を入れ、軽く煮詰めながらスパムにからめるⓑ。火からおろし、粗熱を取る。
❺ ラップの上にのり、④、②、①の順にのせ、ラップを巻きすのように使って巻くⓒ。

memo
目玉焼きの分、基本の作り方よりご飯を少なめにしています。多いと巻きづらくなるので気をつけて！

フライド・スパムむすび

材料_2人分／約22×6.5×5㎝の型1個分
ランチョンミート…2切れ（厚さ5㎜程度）
油…小さじ2　ご飯…240g　塩…小さじ¼
焼きのり（全型［約21×19㎝］）…1枚
Ⓐ{薄力粉…大さじ2　水…大さじ3}
パン粉…適量　揚げ油…適量
Ⓑ{マヨネーズ…大さじ1　シラチャーソース…小さじ2
＊豆板醬やタバスコなどで代用可}
青ねぎ（小口切り）…適宜

作り方
❶ フライパンを中火にかけ油を熱し、ランチョンミートの両面を焼き色がつくまで焼く（テフロン加工のフライパンの場合は油不要）。
❷ ご飯に塩を入れて混ぜ、軽く冷ます。
❸ のりの中央に型を置き、型の中に②の半量をひろげる。①をのせⓐ、残りのご飯を上にひろげて軽く押す。
❹ 型から抜いて全体をのりで巻きⓑ、2等分に切るⓒ。
❺ Ⓐを混ぜてバッター液を作る。
❻ バッター液に④をくぐらせⓓ、全体にパン粉をつける。
❼ 180℃の油で、パン粉がきつね色になるまで揚げるⓔ。
❽ ⑦の油をきり、食べやすい幅にカットする。Ⓑを混ぜたソースをかけ、好みで青ねぎを散らす。

memo
私は型としてハワイで売っている「スパムむすびメーカー」を使っていますが、同じような型がない場合は巻きすなどでのり巻き型に作ってもOK。 基本のスパムむすびと同じ形でも大丈夫です。

スパム・サンド

材料_2個分
ランチョンミート…2切れ（厚さ5mm程度）
卵…L玉2個　スライスチーズ…2枚　油…小さじ2
ハンバーガーバンズ…2個

作り方
❶ ハンバーガーバンズをオーブントースターで焼く。
❷ フライパンを中火にかけ油を熱し、ランチョンミートの両面を焼き色がつくまで焼く。
❸ 卵を目玉焼きにする。片面を焼いたら裏返してチーズをのせ、さらに1分ほど焼く。
❹ ①に、②と③をのせてはさむ。

memo ─────────
ハンバーガーバンズの代わりに食パンやイングリッシュ・マフィンなどでも。

スパム・プレート

材料_2人分
ランチョンミート…4切れ（厚さ5mm程度）
卵…L玉4個　油…小さじ2
ご飯…適量

作り方
❶ フライパンを中火にかけ油を熱し、ランチョンミートの両面を焼き色がつくまで焼く。
❷ 卵を目玉焼きやスクランブルエッグなど、好みのスタイル・焼き加減で焼く。
❸ ご飯、①、②を皿にバランスよく盛りつける。好みでご飯にふりかけを添えても。

みんな大好き！
We ♥ Love SPAM

キムチ＆スパムチャーハン

材料_2人分
ランチョンミート（5mm程度の角切り）…65g
ご飯…350g
卵…L玉2個
かまぼこ（粗みじん切り）…65g
キムチ（粗みじん切り）…65g
青ねぎ（または長ねぎ／小口切り）…25g
油…大さじ1
しょうゆ…小さじ1
塩…小さじ2/3
こしょう…少々

卵（目玉焼きにする）…L玉2個
青ねぎ（小口切り）…適宜

作り方
❶ フライパンに油を入れて中火で熱し、卵を割り入れて軽くほぐす。
❷ 卵が半熟のうちにご飯を加え、ご飯のかたまりをほぐすように炒める②。
❸ ランチョンミートとかまぼこを加え⑤、まんべんなく混ざるように炒めたら、キムチを加えてさらに炒める。
❹ 全体にキムチの色がなじんだら塩、こしょうを入れてさっと炒める。しょうゆを回し入れ、青ねぎを加え軽く炒めあわせて火を止める。
❺ 器に盛り、目玉焼きと好みで青ねぎをのせる。

memo ─────────
英語で目玉焼きはFried Egg（フライド・エッグ）。ハワイのレストランでは、焼き加減を聞かれます。ここでトッピングしたのはOver Easy（オーバー・イージー）と呼ばれる両面半熟焼き。

エッグ・ベネディクト  お店ごはん

Eggs Benedict

ハワイの朝ごはんの人気メニュー。
黄身がとろーりの半熟卵と濃厚オランデーズソースの組みあわせは、
味はもちろん見た目にも心奪われます。

材料_2人分

イングリッシュ・マフィン…2個
ベーコン(薄切り)…4枚(90g程度)
卵…L玉4個
酢…大さじ1

<オランデーズソース>
卵黄…L玉2個分
バター(溶かす)…40g
レモン汁…小さじ1
塩…少々
こしょう…少々

パセリ(みじん切り)…適量
パプリカパウダー…適量
クレソン…適量

作り方

❶ ボウルに卵黄を入れ、湯せんにかけて温めながら泡立て器で混ぜる。もったりとマヨネーズよりも少しゆるい程度のかたさになったら湯せんからおろす。

❷ ①にバターを少しずつ入れて混ぜる。全量が混ざったらレモン汁、塩、こしょうを加えて混ぜる。

❸ 浅めの鍋に水1200ml(分量外)を入れて沸かし、沸騰したら弱火にして、酢を入れる。

❹ 卵を一度容器に割り入れてから、ふつふつと沸いている状態の湯に、そっと入れるⓑ。

❺ 3分ほど弱火で卵をゆでて、網じゃくしなどで引き上げる。キッチンペーパーの上で水けを取るⓒ。

❻ フライパンを熱し、ベーコンをさっと焼く。イングリッシュ・マフィンは半分に割り、オーブントースターなどで軽く焼く。

❼ マフィンの上に、⑥のベーコン、⑤の卵をのせる。上から②をかけ、パセリとパプリカパウダーをふる。好みでクレソンなどを添える。

memo ────────────

手順①で温度が高すぎると卵黄に火が通って固まってしまうので気をつけて。ガラスのボウルを使うと熱がゆっくり伝わるので失敗しにくいと思います。手順④と⑤では湯がぐらぐらと勢いよく沸騰していると卵白が散ってしまうので、静かに沸いている状態をキープしてください。もし難しい場合は、半熟のゆで卵や目玉焼きなどでもおいしいですよ。

ⓐ  ⓑ 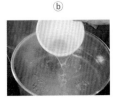 ⓒ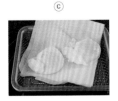

スモークサーモン・ベネディクト

Eggs Benedict with Smoked Salmon

エッグ・ベネディクトのベーコンをスモークサーモンに替え、
アボカドとトマトを加えてさわやかに仕上げました。

材料 _2人分

イングリッシュ・マフィン… 2個
スモークサーモン… 4枚
アボカド(5mm程度の薄切り)… 8切れ
トマト(5mm程度の薄切り)… 4切れ
オランデーズソース… 120ml
　(P.75①〜②参照)
ポーチドエッグ… 4個
　(P.75③〜⑤参照)
パプリカパウダー… 適量
クレソン… 適宜

作り方

❶ イングリッシュ・マフィンを半分に割り、オーブントースターなどで軽く焼く。

❷ スモークサーモンとトマト、アボカドを①にのせる。

❸ ポーチドエッグをのせ、オランデーズソースをかける。

❹ パプリカパウダーをふり、好みでクレソンを添える。

memo ────────────

イングリッシュ・マフィンの代わりに、薄く切って焼いたフランスパンなどを使ってもおいしくいただけます。

クラブケーキ・ベネディクト

Crab Cake Benedict

ちょっとぜいたくに、かにの身で作ったパティをエッグ・ベネディクト風に仕上げました。
おもてなし料理としてもおススメです。

材料_2人分

A かにの身…100g

（缶詰／水けをきる）

パン粉…20g

マヨネーズ…大さじ3

ケッパー…小さじ2

ディル（みじん切り）…大さじ1

*パセリやバジルで代用可

黒こしょう…小さじ¼

オランデーズソース…大さじ4

（P.75①〜②参照）

ポーチドエッグ…4個

（P.75③〜⑤参照）

ディル…適量
レタスなど葉もの野菜…適宜

作り方

❶ A をボウルに入れて混ぜあわせ@、4等分にして厚さ1.5cmほどの平たい円形にととのえる。

❷ フライパンに油（分量外）を薄くひいて熱し、①の両面を中火できつね色になるまで焼くⓑ。

❸ 皿にのせ、上にポーチドエッグをのせてオランデーズソースをかける。

❹ トッピング用のディルをのせ、好みで葉もの野菜を添える。

ⓐ　　　　ⓑ

サイミン お店ごはん

Saimin

中華麺と和風だしの組みあわせは、日本人もほっとするなつかしい味。
ハワイには専門店もあるくらい、みんなに愛されている料理です。

材料_2人分

生中華麺…2玉

＜スープ＞

水…600ml
🅐 顆粒和風だし…小さじ2
　酒…大さじ½
　塩…小さじ1
　しょうゆ…小さじ½

なると…適量
青菜…適量
薄焼き卵…適量
ランチョンミート…適量
青ねぎ…適量

作り方

❶ なるとは薄切り、薄焼き卵は細切り、青ねぎは小口切りにする。青菜はゆでて水けをきり、食べやすい長さに切る。ランチョンミートは薄く切って、さっと焼いておく。

❷ 鍋に分量の水を沸かし、🅐を入れて沸騰させる。

❸ 別の鍋に水（分量外）を沸かし、パッケージに表示されたゆで時間どおり麺をゆでる。ゆであがったらザルにあげてよく水けをきる。

❹ 器に③の麺を入れ、②のスープを注ぐ。①を上に盛りつける。

memo ─────────────────────

サイミンは、ハワイではマクドナルドのご当地メニューとしてもおなじみでした（2022年夏で提供終了）。ワンタンやチャーシューを加えるなど、トッピングでもいろいろアレンジ可能です。

「なると」はハワイでは「UZUMAKI（ウズマキ）」と呼ばれています。

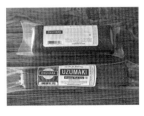

スーパーで「ハワイの味」として売られているサイミン。細麺、太麺など種類もいろいろです。

フライド・サイミン お店ごはん

Fried Saimin

ハワイでは、プレートランチとしても、夏のBON DANCE（盆踊り）の屋台でもおなじみ。
焼きそばのようですが、スープ仕立てのサイミン同様に和風だしを使ったあっさり味です。

材料_2人分

生中華麺…2玉
ランチョンミート（拍子木切り）…60g
かまぼこ（細切り）…100g
キャベツ（ひと口大に切る）…2枚

Ａ 顆粒和風だし…小さじ2
　　塩…小さじ¼
　　こしょう…少々

油…大さじ1
水…大さじ1
ごま油…大さじ1

薄焼き卵（細切り）…適量
青ねぎ（小口切り）…適量

作り方

❶ 麺をパッケージの表示どおりゆで、ザルにあげて水でさっと洗って水けをきる。

❷ フライパンに油を熱し、ランチョンミートをこんがりと色づくまで中火で炒める。

❸ ①の麺と水を入れるⓐ。油を全体にからめるように麺がほぐれるまで炒めたら、かまぼことキャベツを加え、さらにキャベツがしんなりするまで炒めるⓑ。

❹ Ａを入れて軽く炒めあわせ、最後にごま油を回し入れる。

❺ 皿に盛り、薄焼き卵と青ねぎをのせる。

memo
麺は太麺がおすすめ。ゆでた後に洗うと、ぬめりが落ちて炒めやすくなります。和風だしの代わりに鶏ガラスープの素などでもおいしく作れます。

ⓐ

ⓑ

チリ お店ごはん

Chili

ハワイではファミレスのメニューやプレートランチでおなじみのチリ。
ご飯にかけるのがハワイスタイルです。
いろいろなアレンジもできるので、多めに作り置きしておくと便利です。

材料_4人分

牛ひき肉… 400g
玉ねぎ (みじん切り)… 中1個
パプリカ (何色でも可／粗みじん切り)… 1個
油… 小さじ2
キドニービーンズ (水煮)… 100g
　＊または好みの豆の水煮
塩… 小さじ1

Ⓐ 薄力粉… 大さじ2
　チリパウダー… 大さじ1
　パプリカパウダー… 大さじ1
　クミンパウダー… 小さじ1
　ガーリックパウダー… 小さじ1
　オレガノ… 小さじ1
　黒こしょう… 小さじ½

水… 500ml
顆粒ビーフコンソメ… 小さじ2
トマトペースト… 40g
マヨネーズ… 大さじ2

ご飯… 適量
細切りチーズ… 適量
青ねぎ (小口切り)… 適宜

作り方

❶ 鍋に油を入れて中火にかけ、ひき肉をほぐしながら炒める。

❷ 肉の色が変わったら玉ねぎ、パプリカを入れ、しんなりしたら塩を加えてさらに炒める。

❸ Ⓐを加えて、中火で香りが立つまで炒める⑧。

❹ 水とトマトペースト、ビーフコンソメを入れて⑥、中火のまま煮立たせる。

❺ 弱火にしてキドニービーンズを加え、ときおりかき混ぜながら30分ほど煮込む。最後にマヨネーズを加えて、混ぜながら2〜3分煮込む。

❻ 器にご飯と一緒に盛りつける。チーズをかけ、青ねぎを好みで添える。

⑧　　　　　　　　　　⑥

ホットドッグにかけてピクルスを添え、チーズやパセリなどをトッピングしたらチリドッグに♪

memo
チリ＋目玉焼きでチリモコ。フライドポテトにチリをかけてチーズを添えてチリチーズフライに、などアレンジいろいろ。作りたてよりも少し時間をおいたほうが、味がなじんでおいしくなります。

CHAPTER 4

Hawaiian Local Food Recipe Book

スイーツ＆ドリンク

マカデミアナッツ・パンケーキ お店スイーツ

Macadamia Nuts Pancake

ハワイのガイドブックに載っているようなパンケーキを、おうちでも簡単に。
ホットケーキミックスにちょい足しして、ハワイスタイルに仕上げます。

材料 _4枚分

ホットケーキミックス… 200g
卵… L玉1個
牛乳… 150ml
マカデミアナッツ（ロースト/無塩）… 15g
生クリーム… 75ml
コンデンスミルク… 大さじ3
油… 適量

作り方

❶ ボウルに生クリームとコンデンスミルクを入れ、もったりととろみがつくまで泡立てる@。

❷ マカデミアナッツを刻み、フライパンできつね色になるまで弱火で炒めるⓑ。

❸ 別のボウルに卵を割り入れて牛乳と混ぜ、さらにホットケーキミックスを加えて混ぜる。

❹ ②をトッピング用に1/6量程度残し、残りを③のボウルに加えて混ぜる。

❺ フライパンに薄く油をひいて弱火で熱し、④の1/4量をおたまで広げる。弱火で3分ほど焼き、表面に細かい泡が出てきたらⓒ、裏返してさらに2分焼くⓓ。

❻ 皿に盛って①のクリームをかける。④で残しておいたマカデミアナッツを飾る。

memo

あまり熱々のパンケーキにクリームをのせると溶けやすいので、すこし粗熱を取ってからクリームをかけると仕上りがキレイです。

ⓐ

ⓑ

ⓒ
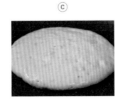

ⓓ

ハウピア  ハワイ伝統スイーツ

Haupia

ココナツミルクで作るハワイの伝統的なデザート。
切ってそのまま、が昔ながらの食べ方ですが、
カップで作って簡単マンゴーソースを添えるのもおススメです。

材料_15×10×3.5㎝の型1個分
　　　または120mlカップ2個分

ココナツミルク… 200ml
グラニュー糖… 大さじ2
コーンスターチ… 大さじ2½
水… 大さじ2
バニラエッセンス… 少々

マンゴーソース… 適宜
ラズベリー（または好みのフルーツ）… 適宜

ⓐ

作り方

❶ 鍋にココナツミルクとグラニュー糖を入れ、中火にかける。

❷ コーンスターチを水で溶く。

❸ グラニュー糖が溶けたら②を加え、とろみがつくまで弱火でゆっくりかき混ぜる。

❹ 火からおろし、粗熱が取れたらバニラエッセンスを加え混ぜる。

❺ 好みの型に注ぎ入れ_ⓐ、冷蔵庫で2〜3時間ほど冷やし固める。

❻ 型からはずし、5㎝ほどの角形に切り分ける。カップの場合はマンゴーソースをかけフルーツを飾る。

memo ─────────────────────

カップで作る時にやわらかめの仕上がりにしたい場合は、コーンスターチを大さじ2としてください。
冷えて固まった後、常温に戻るとやわらかくなってくるので、特に切ってそのままの場合は、冷たいうちに食べるのがおススメです。

---

sauce *recipe*

マンゴーソース

材料_できあがり約80ml分

マンゴーネクター（またはジュース）… 150ml
　＊果汁20％のものを使用
オレンジマーマレード… 小さじ1

❶ 鍋にマンゴーネクターを入れ弱火にかける。

❷ 沸騰したら弱火にし、半量になるまで煮込む。

❸ オレンジマーマレードを加えて火を止め、冷蔵庫で冷やす。

チョコレート・ハウピア・パイ  お店スイーツ

Chocolate Haupia Pie

伝統スイーツのハウピアにチョコレートプディングをあわせたパイ。
ハワイではスーパーマーケットでも売られていて、おもてなしにも手みやげにもぴったり。

材料 _ 直径18㎝のパイ皿1台分

<パイ土台>
バタークラッカー…120g
無塩バター…75g
砂糖…大さじ1

<チョコレートプディング>
A 卵黄…L玉1個分
  コーンスターチ…大さじ1
  グラニュー糖…大さじ1
牛乳…150ml
ダークチョコレート(砕く)…120g

ハウピア(P.89①〜④参照)…約200ml分

B 生クリーム…200ml
  グラニュー糖…大さじ2
  バニラエッセンス…少々

ダークチョコレート(薄く削る)…少々

作り方

❶ バターを耐熱容器に入れ、電子レンジに20〜30秒かけて溶かす。分量のうち小さじ½ほどをパイ皿の内側に塗る。

❷ バタークラッカーをフードプロセッサーにかけ、細かくなったら①の残りのバターとグラニュー糖を加えてさらに回す。

❸ パイ皿に②を敷きつめ、瓶の底などを押しつけて平らにして@ⓑ、冷蔵庫で15分ほど冷やす。

❹ ボウルに**A**を入れて混ぜ、牛乳を少しずつ加えて混ぜながらのばす。

❺ ザルで漉し、鍋に移して弱火にかける。

❻ 焦げないように底から木べらでゆっくり混ぜ、カスタードクリームほどの固さになったら火を止めてダークチョコレートを加え、混ぜて溶かす。

❼ ③の上に流し入れⓒ、冷蔵庫に入れて30分ほど冷やす。

❽ 89ページの手順④まで作ったハウピアを⑦の上に流し入れⓓ、再び冷蔵庫で2時間以上冷やし固める。

❾ **B**をボウルで泡立ててホイップクリームを作り、⑧の上に絞るⓔ。仕上げにダークチョコレートを散らす。

memo ———————————
土台は市販のパイ生地やタルト生地を使ってもOKです。

ⓐ

ⓑ

ⓒ

ⓓ

ⓔ

バターもち  おうちスイーツ

Butter Mochi

ココナツがふんわり香るハワイのデザート。
やさしい甘さともちもち食感があとを引くおいしさです。

材料 _24×13×7㎝の
　　　　パウンドケーキ型1台分

A　もち粉… 160g
　│グラニュー糖… 50g
　│ベーキングパウダー… 小さじ½

B　ココナツミルク… 150ml
　│コンデンスミルク… 大さじ3
　│卵… L玉1個
　│バニラエッセンス… 少々

バター（溶かす）… 30g
ココナツオイル… 大さじ1

作り方

❶ A、B の材料をそれぞれ別のボウルに入れて混ぜあわせる。

❷ A のボウルに B を入れ、なめらかになるまで混ぜあわせる。

❸ バターとココナツオイルを加え混ぜる。

❹ パウンド型の内側にココナツオイル（分量外）をまんべんなく塗り、③を流し入れる ⓐ。

❺ 160℃のオーブンで50分焼く ⓑ。

❻ 粗熱が取れたら食べやすい大きさに切り分ける。

memo ————————————————————

冷えて固くなった時は、電子レンジで1切れにつき10〜20秒あたためるとおいしくいただけます。
もち粉以外の粉ではこのもちもち食感にならないので、ぜひもち粉で作ってください。もち粉は「求肥粉」という名前で売られていることもあります。

ⓐ　　　　　　　　　　　　ⓑ

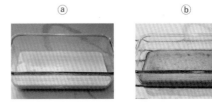

ホワイトチョコチップ＆
マカデミアナッツ・スコーン  おうちスイーツ

White Chocolate Chip & Macadamia Nuts Scone

ホットケーキミックスを使って作る簡単スコーン。
マカダミアナッツとホワイトチョコレートの組みあわせはハワイでも大人気！

材料 _8個分

ホットケーキミックス… 200g
バター（5mm角切り）… 60g
牛乳… 大さじ4
ホワイトチョコレートチップ… 40g
マカデミアナッツ… 20g
　（ロースト／無塩）（粗く刻む）
バニラエッセンス… 少々

作り方

❶ ボウルにホットケーキミックスとバターを入れ、フォークの背でバターをつぶしながらなじませる ⓐ。

❷ 牛乳とバニラエッセンスをあわせて①に入れ、ざっと混ぜる。

❸ ホワイトチョコレートチップとマカデミアナッツを加え、混ぜあわせてひとまとめにする。

❹ クッキングシートを敷いた天板に③を置き、厚さ2cmほどの平たい円形にととのえる ⓑ。

❺ 包丁で放射状に8等分に切り分ける。焼くとふくらむので、各片を少し離す ⓒ。好みで表面にマカダミアナッツとホワイトチョコレート（いずれも分量外）をのせる。

❻ 180℃に予熱したオーブンで15分ほど焼く。

memo

甘さをおさえたホットケーキミックスを使う場合は、好みでグラニュー糖20〜30gを足してください。バニラ風味のホットケーキミックスの場合は、バニラエッセンスは不要です。

ⓐ

ⓑ

ⓒ

アサイボウル  お店スイーツ

Acai Bowl

加える甘さはフルーツと蜂蜜のみ。
豊富な栄養素を含むスーパーフードのアサイを使ったヘルシーな一品は、
デザートに、おやつに朝食に、大活躍です。

材料 _1 人分

Ⓐ 冷凍アサイベリー（無糖）ⓐ… 100g
　 冷凍いちご… 100g
　 冷凍ブルーベリー… 30g
　 バナナ… ½ 本

蜂蜜… 適量
グラノーラ… 適量
ラズベリー… 適量
バナナ（輪切り）… 適量
ブルーベリー… 適量
ミントの葉… 適宜

作り方

❶ Ⓐをすべてミキサーに入れ、なめらかになるまで回す。

❷ 器に注ぎ入れ ⓑ、グラノーラ、バナナ、ブルーベリー、ラズベリーなどをのせ、蜂蜜をかける。好みでミントの葉を添える。

memo

①で生のいちごとブルーベリーを使う場合、やわらかくなりすぎる可能性があるので、一度冷凍することをおすすめします。もしやわらかすぎた場合は冷凍庫で適宜冷やし固めてもOKです。

ⓐ

ⓑ

ⓐ

ⓑ

Hawaiian おやつ

ハワイアン（ルビ）

ハワイアン・シーソルトのキャラメルソース
Salted Caramel Sauce

アメリカ人のママ友から教わったレシピに
ハワイアン・シーソルトを加えました。
塩けを足すと、甘さがグッと引きしまります。

sauce *recipe*

材料_作りやすい分量

バター…45g
三温糖…75g
生クリーム…60ml
ハワイアン・シーソルト
　…少々 ＊一般的な塩で代用可
バニラエッセンス…少々

作り方

❶ 鍋にバターを入れて弱火にかける。バター
　が溶けたら三温糖を入れるⓐ。
❷ 三温糖が溶けてブクブクと沸いたら、さらに
　1分ほど混ぜながら弱火のまま加熱する。
❸ 生クリームを加えて混ぜⓑ、再度沸騰した
　ら火を止める。
❹ 粗熱が取れたらバニラエッセンスとハワイ
　アン・シーソルトを加えて混ぜる。

memo ─────

　無塩バターを使って塩の量を少し増やすとハワ
イ感がUPします。塩はシーソルトなどうまみ
の強いものを使うのがおススメです。保存は
冷蔵庫で。冷えて固くなったらあたためて使っ
てください。

Caramel Sauce

キャラメル・アップル
Caramel Apple

ソースのレシピと一緒に教えてもらったこの組みあわせ。
「こんな食べ方があったんだ！」と驚くおいしさで、
我が家の子どもたちの大好物です。

材料_2人分

りんご…1個　キャラメルソース（上記参照）…適量
ホイップクリーム…適量　ミントの葉…適宜

作り方

❶ りんごは皮をむいて食べやすい大きさに切り、器に盛る。
❷ ①の上にホイップクリームを盛り、あたためたキャラメルソー
　スをかけて、好みでミントの葉を飾る。

memo ─────────────────

　冷たいりんごとあたたかいキャラメルソースだけでもおいしくいただけます。

Caramel Sauce

キャラメル・ポップコーン
Caramel Popcorn

キャラメルソースを使って、
いつものポップコーンを外で食べるあの味に。
甘く香ばしい香りに手が止まりません。

材料_2人分
ポップコーン用コーン…大さじ2　油…大さじ1
塩…少々　キャラメルソース（P.98参照）…大さじ3

作り方
❶ フライパンにポップコーン用コーン、油、塩を入れて中火にかけ、ふたをして焦げないようにゆすり続ける。
❷ ポップコーンの大部分がはじけたらふたを取り、とろ火にしてキャラメルソースを全体に回しかける ⓐ。
❸ ソースをからめながら混ぜる。ソースの色が濃くなったら火を止め ⓑ、バットなどにあける。
❹ 固まっている部分があれば分け離し、粗熱が取れたら器に盛る。

memo
　キャラメルソースは焦げやすいので注意。もし焦げそうになったら火からおろして余熱で調理してください。

ⓐ 　　ⓑ

Caramel Sauce

アイス・キャラメル・ラテ
Iced Caramel Latte

キャラメルソースのやさしい甘さがうれしいカフェラテ。
インスタントコーヒーで簡単に作ります。

材料_1杯分
インスタントコーヒー…小さじ1　湯…大さじ2　牛乳…120ml
キャラメルソース（P.98参照）…大さじ2　氷…適量

作り方
❶ インスタントコーヒーを湯で溶く。
❷ グラスに氷と牛乳、キャラメルソースを入れる。
❸ コーヒーをそっと注ぎ入れる。

memo
　コーヒーはインスタントでなくても濃いめであれば何でもOK。甘さはキャラメルソースを増減して調整してください。ホットで作ってもおいしいです。

プランテーション・アイスティー  お店ドリンク

Plantation Iced Tea

レストランのメニューにもあるハワイの定番ドリンク。
すっきりとした甘さで飲みやすく、
ハワイに行ったら必ず飲む！という人も少なくないのでは。

材料_1杯分

紅茶(無糖)…100ml
パイナップルジュース…100ml
氷…適量
ミントの葉…適宜

作り方

❶ グラスに氷を入れ、パイナップルジュースを注ぎ入れる。

❷ 冷ました紅茶を注ぎ、好みでミントの葉を飾る。

memo

甘さはパイナップルジュースの増減で調
整してください。グアバジュースやマン
ゴージュースで作ってもおいしいですよ。

CHAPTER 5

Hawaiian Local Food Recipe Book

みんなで集まるハワイごはん

Hawaiian Home Party

ゲストの笑顔があふれる
ホームパーティー

　ハワイのローカルたちはイベントがある時によくホームパーティーを開きます。バースデーパーティーやホリデーシーズンのファミリーパーティー、高校や大学の卒業を祝うパーティー、出産を控えた妊婦さんを囲むベビーシャワーなどは比較的大きめなパーティー。ゲストも料理を持ち寄る「ポットラック」パーティーや、少人数で食卓を囲むシンプルなパーティーもありますが、いずれにしても招く側はたくさんの料理でおもてなしをします。

　とはいえ、おおらかなハワイの人たちらしく、彼らのホームパーティーはとてもカジュアル。自宅のダイニングやリビングルーム、時には庭やガレージを会場に、大皿の料理をいくつも並べて、各自が好きな料理を取って楽しむビュッフェスタイルが多くみられます。メニューのラインナップに、ハワイの伝統的な料理や移民が持ち込んだ食文化由来の料理などが入り交じるのもハワイのパーティーならでは、だと思います。

　一年中温暖なハワイでは、夜のアウトドアパーティーもよく開かれます。庭やラナイなど屋外にテーブルと椅子をセッティングしてキャンドルやライトを飾り、さわやかな夜風に吹かれながら料理を楽しむのはとても気持ちがよいものです。

　ここでは、手づかみシーフードをメインにしたパーティーメニューの一例をご紹介します。かまぼこを使ったディップはローカルにも人気のアペタイザー。ロミロミ・サーモンはルアウ(Lūʻau[注])の食卓にもよく登場するハワイの伝統料理です。食後には同じくハワイ伝統料理であるハウピアをアレンジしたパイを楽しみます。かまぼこディップとハウピア・パイは、持ち運びしやすいので、ポットラックパーティーに持っていく一品としてもおすすめですよ。ハワイらしい食器やカトラリー、ペーパーアイテムを使ったり、テーブルに鮮やかな色あいの花やグリーンを添えてみたりすると、よりハワイ感がアップすると思います。

　気取らずみんなでおいしいハワイ料理を堪能し、楽しい時間を分かちあう、これがハワイのローカルたちのスタイル。ぜひみなさんのおうちのテーブルでも、ハワイスタイルのパーティーを楽しんでみてくださいね。

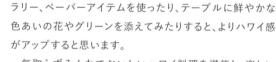

注
ルアウはハワイ語で「宴」の意。ハワイ伝統音楽やフラなどのショーを鑑賞しながら楽しむ食事のことを指すことが多い。

ハワイアン・ホームパーティー

クレソンと豆腐のサラダ

ジンジャーソース

ロミロミ・サーモン

チョコレート・ハウピア・パイ

かまぼこディップ クラッカー添え

豪快！手づかみシーフード

Hawaiian Home Party

豪快！手づかみシーフード （P.51参照）

かまぼこディップ クラッカー添え （→右ページ参照）

ジンジャーソース （P.31参照）

クレソンと豆腐のサラダ （P.64参照）

ロミロミ・サーモン （P.61参照）

チョコレート・ハウピア・パイ （P.91参照）

かまぼこディップ

材料_2人分

A かまぼこ… 70g
　　＊日本のかまぼこでOK
　白くわいの水煮（缶詰）… 30g
　　＊刻んで水けを絞ったきゅうりで代用可
　青ねぎ（小口切り）… 20g

B クリームチーズ（室温にもどす）… 40g
　マヨネーズ… 20g
　顆粒和風だし… 小さじ¼
　黒こしょう… 少々

塩… 少々
クラッカー… 適量
青ねぎ（小口切り）… 適宜

作り方

❶ **A** をそれぞれみじん切りにする⒜。

❷ ボウルに **B** を入れて混ぜ⒝、さらに
　①を加えて混ぜる。

❸ 塩で味をととのえ、冷蔵庫で冷やす。

❹ クラッカーと一緒に器に盛り、好みで
　青ねぎを散らす。

Kamaboko Dip

かまぼこは、ハワイでも日本語のまま
「KAMABOKO」として定着しています。
刻んで混ぜるだけの簡単さがうれしい
人気のパーティーフードです。

memo ―――――――

中華料理でお目にかかることが多い「白くわ
い」は英語で「Water Chestnuts」と呼ばれ、
ハワイのスーパーでは缶詰になって売られて
います。シャキシャキの食感が特徴です。

⒜

⒝

Hawaiian **Picnic**

ハワイ感たっぷりのお弁当を持って
自然の中でピクニック

　一年を通してあたたかいハワイですが、実は季節があるのをご存じでしょうか？ 10月下旬あたりから2月頃までは雨季となり、雨が少し多い時期。この時期は雨が増えるだけでなく、気温もやや低くなります。とはいえ、羽織りものが1枚あれば快適に過ごせてしまうくらいの気温。雨季が終わり3月に入ると、ハワイに青い空と太陽が戻ってきます。夏にはシャワーツリーやプルメリアの花が咲き、あたりがよい香りに包まれる、みなさんが想像するハワイらしい陽気になります。

　そういった過ごしやすい気候のおかげで、ハワイに暮らしていると屋外での時間を楽しむ機会に多く恵まれます。SNSで#luckywelivehawaiiというハッシュタグをよく目にしますが、これはハワイに住んでいる人がよく使います。「ハワイに住んでてラッキー♡」という意味ですね。その通り、急に「ビーチでピクニックしよう！」なんて思い立ってもすぐに実行できてしまうという環境はとてもラッキーだと思います。

　ビーチや公園で子どもたちを思いっきり遊ばせて、そのあとみんなでお弁当を広げて食べる、という休日を過ごすご家族も多いと思います。我が家も子どもたちが小さい頃は、近くのビーチや「♪この木なんの木気になる木」で有名なモアナルアガーデンへよくピクニックに行きました。ビーチでは青い空と海に、広い公園では大きな緑の木々に囲まれて、自然のパワーをもらえるような場所でのピ

クニックは、とても気持ちがよいものです。

　大人も子どもも楽しめてハワイを感じられるピクニックにおススメなのが、ハワイ版お弁当というべきプレートランチ。今やハワイのソウルフードともいえるスパムむすびとローカルの人たちが大好きなモチコチキンをボックスに詰めて、グアバジュースを相棒に、お気に入りの景色をながめながらお弁当を味わう。青空の下さわやかな風に吹かれて、みんなで食べるお弁当は格別ですよね！

　もうひとつおすすめなのが朝ピクニック。朝ごはんにアサイボウルを食べながら、静かな海をながめたり、公園で朝日を浴びたり。ハワイを感じながら一日のはじまりを健康的にスタート！ なんていうのはいかがでしょうか？

アサイボウル

ハリケーン・ポップコーン

てりたまスパムむすび

モチコチキン

Hawaiian Picnic

てりたまスパムむすび （P.72 参照）
モチコチキン （P.23 参照）
ハリケーン・ポップコーン （→右ページ参照）
アサイボウル （P.97 参照）

ハリケーン・ポップコーン

材料 _2人分

ポップコーン用コーン… 大さじ2
油… 大さじ1
塩… 少々
バター（溶かす）… 40g
ふりかけ… 大さじ2
あられ… 30g

作り方

❶ フライパンにポップコーン用コーンと
油、塩を入れて中火にかけ、ふたをし
て焦げないようにゆする ⓐ。

❷ ポップコーンの大部分がはじけたら
火を止める。

❸ バターを加え全体にからめる ⓑ。

❹ ふりかけを加えてあえ、さらにあられ
を加えて混ぜる ⓒ。

memo ————————————————

ハワイではあられのことを「Mochi Crunch
（もちクランチ）」と呼び、ローカルたちも日常
的に親しんでいます。ふりかけの種類やあら
れの風味は好みのものを使ってください。

Hurricane Popcorn

ハワイのローカルたちが愛する
「ふりかけ」と「ポップコーン」。
その2つをあわせたハワイならではのスナックです。

ⓐ

ⓑ

ⓒ

Hawaiian BBQ

日常生活に溶け込んでいる
ハワイのBBQ

　日本でBBQといえば、パーティーのようにイベントとしてとらえることが多いのではないでしょうか。もちろんハワイでも、パーティーとしてのBBQを楽しむ文化は根づいています。休日の公園などで大きなテントを構え、その横にBBQグリル、という光景もよく目にします。でも、ハワイにおけるBBQは日本のそれよりも、もっとずっと身近で気軽なものなんです。

　たとえば夕暮れ時に散歩していると、通りすがりのご近所の庭から香ばしい香りがしてきます。ハワイでは、普段の夕飯がBBQというのはよくあることです。その香りに刺激され、何を焼いているのかな～？ なんて想像しているうちに、今日はうちの夕飯もBBQ！ と決めてしまうことも少なくありません。ハワイの家庭では「一家に一台BBQグリル」は当たり前。コンドミニアムでは共有スペースに炭火のBBQグリルがあることも多く、BBQはハワイの暮らしにはなくてはならない存在なんです。

　BBQグリルにも、炭火で焼くもの、プロパンガスを使うもの、燻製もできるもの、などいろいろな種類があります。プロパンガス型は火をおこす必要がなく、さっと使えるので家庭での普段使いに便利。炭を使うものは、手間はかかりますが香りが断然いいんです！ 燃やすと独特の芳香がするキアヴェ（Kiawe）の木から作った薪でスモークするキアヴェ・グリルはハワイではおなじみです。それらのグリルを一台どころか何台も所有し、作るものによって使い分ける、というこだわりを持っている人も。我が家のBBQ奉行（夫）によれば、BBQグリルは使い込むほどに香りがなじみ、焼き上がりにとても深みがでるのだそう。

　ビーチでたっぷり遊んだ後、BBQプレートランチをお腹いっぱい食べる！ というのもハワイスタイルです。なかでも私のイチオシは炭火の香りが加わったハンバーグ。テリヤキソースをからめてバンズにはさんでテリヤキバーガーにするもよし、ご飯にのせてグレービーソースをかけてロコモコにしてもよし。ハワイの心地よい風に吹かれている場面を想像しながら、ガブリとほおばってみてくださいね。

ハワイアン・バーベキュー

ハワイアン・マカロニサラダ

ハワイアンスタイル・ステーキ・フライズ

テリヤキバーガー

フリフリチキン

ハンバーグ

プレートランチ

Hawaiian BBQ

テリヤキバーガー （→右ページ参照）

プレートランチ［フリフリチキン／ハワイアン・マカロニサラダ／ご飯］

ハワイアンスタイル・ステーキ・フライズ （P.41参照）

ハンバーグ （P.15［ロコモコ］参照）

フリフリチキン （P.27参照）

★アヒポケ （P.57参照）＋アボカド＋トルティーヤチップス

ハワイアン・マカロニサラダ （P.62参照）

☆テリヤキバーガーの野菜

テリヤキバーガー
Teriyaki Burger

ハンバーグをBBQグリルで焼くと、
スモーキーな香りをまとって絶品に！
ソースとバンズ、野菜を準備して、
BBQで食べるハンバーガーはサイコーです。

材料_2人分

Ⓐ 牛ひき肉（またはあいびき肉）… 300g
　塩… 小さじ½
　こしょう… 小さじ¼
　玉ねぎ（すりおろす）… 中¼個

ハンバーガーバンズ… 2個

Ⓑ しょうゆ… 大さじ1
　砂糖… 大さじ1
　酒… 大さじ1

マヨネーズ… 適量
レタス（ひと口大にちぎる）… 適量
玉ねぎ（薄切り）… 適宜
トマト（薄切り）… 適宜
チーズ… 適宜
ピクルス（薄切り）… 適宜

作り方

❶ 大きめのボウルにⒷを入れ、電子レンジに45秒かける。

❷ ボウルを取り出し混ぜⓐ、とろみが出るまで冷ます。

❸ 別のボウルにⒶを入れ、なめらかになるまでこねる。

❹ ③を2等分して、楕円（または丸）に成形する。

❺ BBQグリルで④を焼くⓑ。チーズバーガーにする場合はグリルからおろす前にチーズをのせる。

❻ バンズの片面に薄くマヨネーズを塗り、レタスを敷いた上に⑤をのせ、②のソースとマヨネーズをかけるⓒ。トマトや玉ねぎ、ピクルスなどを適宜のせ、バンズではさむ。

ⓐ

ⓑ

ⓒ

🛒

次に行ったら
買って帰りたい

ハワイを感じる
ローカルの味

ハワイに暮らしていると必ず利用するローカルのマーケット。カラフル＆ポップなおしゃれデザインのパッケージが並ぶスーパーマーケットや、新鮮採れたて野菜やくだものが並ぶファーマーズ・マーケットは、ながめているだけでも楽しくなります。そんなハワイのマーケットで手に入るおススメのおみやげや、現地の食卓で日常的に使われている調味料をご紹介。次回のハワイ旅行では、ぜひチェックしてみてくださいね。

スパムいろいろ

スーパーマーケットの棚にズラリと並ぶスパムの缶。その数と種類は「さすがハワイ！」とうなってしまいます。これでもまだごく一部です。

25% 減塩

オリジナルよりも
25%塩分が少なくなっています。

ハラペーニョ風味

刻んだハラペーニョ（青唐辛子）が練り込まれていてピリ辛。

ベーコン風味

スパムなのにベーコンの香りが。ぜひ一度お試しください。

テリヤキ風味

テリヤキソースが入っているので、ほかの種類より色みがやや濃いめ。

ヒッコリー・スモーク風味

ヒッコリー（クルミ科の木）のスモークの香りがついています。

Soy Sauce

アロハしょうゆ

ハワイではレストランのテーブルにもこのかわいい瓶がよく置いてあります。

カルピソース

骨つきカルビ用のマリネソース。BBQの時に大活躍します。

アロハしょうゆ

「しょうゆは絶対アロハしょうゆ！」というローカル多し。アロハしょうゆブランドからは、しょうゆのほかにもカツソースやドレッシングなどいろいろなソースが出ています。

人気のローカルスーパーマーケット、フードランド。店内にバーやレストランがある店舗も。

シーフード・シティーはフィリピン系のスーパーマーケット。生鮮食料品が豊富。

ハワイの塩

ハワイの海水と太陽から生まれる天然塩です。塩味の中にまろやかさがあって、古くからハワイの伝統料理の味つけには欠かせない調味料。

Salt

海水をハワイの太陽で天日干しして作られた昔ながらの塩。

シーソルト

アラエア・シーソルト

ミネラルたっぷりのハワイの赤土の成分が含まれ、やさしい塩味が特徴。

アラエア・シーソルトのミニサイズはおみやげにもぴったり。

しょうゆベースの日本人好みの味は、1本あるとハワイ料理以外にもいろいろ使えます。

Huli-Huli Sauce

シラチャーソース

チリソースといえばコレ！というくらい、ハワイローカルには欠かせないおなじみの辛いソース。パッケージデザインも人気です。

フリフリソース

甘辛い味は日本のてりやき風。フリフリチキンの味つけ以外にも、おろし生姜を加えて生姜焼きのたれにするなどアレンジも可能です。

シラチャーソース

いろいろな料理にコレをかけて食べるのがハワイローカルのスタイル。

Chili Sauce

ガーリック風味が加わったソース。見た目や味はやや豆板醤に似ています。

ガーリックチリソース

マヨネーズ

本書のレシピにもたびたび登場するマヨネーズ。ハワイのスーパーマーケットにはたくさんの種類が並んでいますが、日本のものとは少し風味が違います。

ハワイのマカロニサラダにはコレ！ベストフーズはローカルにおなじみブランドです。

Mayonnaise

オレンジチキンソース

ハワイでも老若男女問わず大人気のオレンジチキン。スーパーマーケットで買える市販のソースを使うと、さらに手軽に作れます。

ハワイのスーパーでは人気店パンダエクスプレスのソースも売られています。

Orange Sauce

シーズニングミックスいろいろ

ハワイの味がお手軽に再現できます。
軽くて小さいのでおみやげにもぴったり。
ハワイらしいかわいいパッケージのものも。

Seasoning

ブラウングレイビー

ロコモコにかけてよし、ステーキに添えてよし、のブラウングレイビーの素。

ポケミックス

乾燥したオゴ（ハワイの海藻）が入っていて本格派の味わい。

オランデーズソース

これがあればエッグベネディクトがとても簡単に作れます。

ロコモコミックス

水と混ぜて加熱すればロコモコに欠かせないグレイビーソースが完成。

ガーリックシュリンプミックス

えびをマリネして炒めるだけ。ハワイの味が簡単にできあがり。

ご存じドン・キホーテはハワイローカルにもおなじみ。日本＆アジア食材や日用品の品揃えがよくてうれしい。

おやつミックス

ハワイ伝統のおやつも
ローカルが大好きなおやつも簡単に作れるミックス。
おうちであっという間に
ハワイのおやつタイムがはじまります。

Popcorn

もちポップ

甘さと塩味が絶妙。キャラメルポップコーンともちクランチの組みあわせ。

ハウピアミックス

昔ながらの素朴なハワイ伝統スイーツも混ぜて溶かして冷やすだけ。

ハリケーンポップコーン

ポップコーンともちクランチ（あられ）＆ふりかけコンビはこれぞハワイ！

バターもちミックス

水と卵、バターをあわせて作ります。ココナツが香るローカルおやつ。

Oyatsu

ポップコーン

アメリカンなイメージのポップコーンも
ハワイでは独自スタイルの食べ方が定着していて、
スーパーマーケットには
さまざまな種類が並んでいます。

リヒムイ

超ローカルフードといえる
Li Hing Mui(リヒムイ)という乾燥梅。
ハワイの人はこのパウダーを
ポップコーンやシェイブアイスなど
いろいろなものにかけちゃうんです。

ハワイ育ちなら必ず一度は食べたことがあるパンチのきいた甘ずっぱい味。

リーヒン・パウダー

リーヒン・サワー・フラ・ケイキ

甘ずっぱいリーヒングミに、酸味をさらに効かせたお菓子。

リーヒン・ガミーベア

リーヒン・パウダーをまぶしたグミ。ローカルキッズはみんな大好き。

ハワイの食の今が集結

採れたてのローカル野菜がズラリと並びます。

行ってみたい!
ファーマーズ・マーケット

ハワイでは各所で曜日ごとにファーマーズ・マーケットが開催されていて、農産物以外にもローカルグルメがいろいろと楽しめます。ハワイ滞在中に曜日が合えば、お買いものはもちろん、ローカルフードを味わいにぜひ訪れてみてほしいです。

ボリューム満点!ハワイのプレートランチ。

主な食材別 INDEX

＊【 】内は日本で作る場合の代用食材です。
＊ その料理の主要な具材となっているものを取り上げています。
　 葉もの野菜やレモンなどつけ合わせとして使うものや、調味料的に使うものについては割愛しています。

エバユリ EwaYuri

東京都品川区生まれ、一男一女の母。アメリカ人の夫との結婚を機にハワイ・オアフ島に移住。専業主婦時代に料理の味が周囲で評判になり、レシピをシェアするべくブログとインスタグラムを開設する。ハワイ州観光局ポータルサイトallhawaiiやハワイライフスタイルクラブなどのWEBサイトなどにもハワイ料理レシピを提供。現在はフラワーデザイナーとして働く傍ら、レシピ作成や個人レッスン、料理代行などの活動を行う。家庭で簡単にできる献立アイデアやレシピについても、ブログやインスタグラムで日々発信中。

ブログ 「ハワイの主婦のおうちごはん EwaYuri食堂」
https://ameblo.jp/ewayuri/
インスタグラム @ewayuri

しあわせ
ハワイごはん

文・写真	エバユリ
表紙写真	Kuni Nakai
Special Thanks	Kaori Takahata
デザイン	大井綾子（FROG）
校正	坪井美穂
編集	西村 薫

2023年3月15日 初版発行

著者	エバユリ
	© 2023 Ewayuri All rights reserved.
発行者	山手章弘
発行所	イカロス出版株式会社
	〒101-0051
	東京都千代田区神田神保町1-105
	電話 03-6837-4661（出版営業部）
	メール tabinohint@ikaros.co.jp（編集部）
印刷・製本所	図書印刷株式会社